Dr. Oetker

SCHICHT PLÄTZCHEN

Dr. Oetker

SCHICHT PLÄTZCHEN

Dr. Oetker Verlag

VORWORT

Schichtplätzchen – hier kommt der neue Trend von Dr. Oetker.

Nach Cupcakes und Cakepops erobern sie jetzt die Kaffeetafel.

Hoch gestapelt gehen die Plätzchen neue Wege und schmecken das ganze Jahr über. Selbst gebackene Kekse, ausgestochen, von der Rolle oder gespritzt, werden knusprig gebacken und dann mit einer Füllung zwei-, drei- oder vierfach aufeinandergesetzt. Diese Schichtplätzchen verbreiten mit ihrem Coffee-Shop-Feeling gute Laune.

Für den nächsten Kindergeburtstag empfehlen wir Knusper-Burger und Bananenpäckchen. Über blaublütige Herzen und Sekttropfen freuen sich Verliebte zu Ihrer Verlobung oder Hochzeit. Ist dann doch der Liebeskummer mal zu groß, trösten die bunten Macarons darüber hinweg und versüßen jede Träne.

Aber natürlich haben wir auch Tannenbäumchen und Maronen-Marzipan-Quadrate für die Advents- und Weihnachtszeit im Buch. Perfekten Sommergenuss verkörpern Kokos-Limetten-Ufos und Zitronen-Baiser-Ringe.

Der große Pluspunkt der kleinen Kekswunder: Sie dürfen gleich aufgegessen werden oder Sie backen die süßen Sünden schon vorab und halten sie in der Keksdose für sich und Ihre Gäste bereit.

Alle Rezepte wurden von uns ausprobiert und so beschrieben, dass sie Ihnen sicher gelingen.

6 KNUSPER-BURGER ETWA 20 STÜCK

PRO STÜCK: E: 2 g, F: 8 g, Kh: 19 g, kJ: 656, kcal: 157, BE: 1,5
ZUBEREITUNGSZEIT: 120 Minuten, ohne Kühlzeit
BACKZEIT: etwa 8 Minuten je Backblech
HALTBARKEIT: kühl gestellt etwa 2 Wochen in gut schließenden Dosen

KNUSPER, KNUSPER ...

FÜR DEN KNETTEIG:

150 g Weizenmehl
1 Msp. Dr. Oetker Backin
40 g Zucker
1 Prise Salz
80 g Butter oder Margarine
40 g flüssiger Honig
1 EL kaltes Wasser

FÜR DIE KNUSPERTALER:

20 g abgezogene, gem. Mandeln
100 g Zartbitter-Kuvertüre
5 g Kokosfett
50 g Vollkorn Haferfleks ® Klassik (Kölln)
1 gestr. TL gem. Zimt
½ TL gem. Kardamom

FÜR DIE FÜLLUNG:

100 g getrocknete Mangostücke
40 ml Wasser
1 TL Dr. Oetker Finesse Geriebene Zitronenschale
70 g weiße Kuvertüre
10 g Kokosfett

1. Für den Knetteig Mehl mit Backpulver in einer Rührschüssel vermischen. Zucker und Salz hinzugeben. Butter oder Margarine in kleine Stücke schneiden, mit dem Honig und dem Wasser in die Rührschüssel geben.

2. Die Zutaten mit einem Mixer (Knethaken) zunächst kurz auf niedrigster, dann auf höchster Stufe gut durcharbeiten. Anschließend auf einer leicht bemehlten Arbeitsfläche kurz zu einem Teig verkneten. Den Teig in Frischhaltefolie wickeln und mindestens 1 Stunde in den Kühlschrank legen.

3. Den Backofen vorheizen.
Ober-/Unterhitze: etwa 180 °C
Heißluft: etwa 160 °C

4. Den Teig portionsweise etwa 2 mm dick ausrollen. Mit einem runden Ausstecher 40 Taler (Ø 6 cm) ausstechen. Die Taler auf 2 Backbleche (mit Backpapier belegt) legen. Mit einer Gabel ein Muster in die Taler drücken.

5. Die Backbleche nacheinander (bei Heißluft zusammen) in den vorgeheizten Backofen schieben. Die Teigtaler **etwa 8 Minuten je Backblech backen.**

6. Die Gebäcktaler mit dem Backpapier auf Kuchenroste ziehen und erkalten lassen.

7. Für die Knuspertaler die Mandeln in einer Pfanne ohne Fett goldbraun rösten und auf einen Teller geben. Die Kuvertüre hacken und mit dem Kokosfett in einem Topf im Wasserbad bei schwacher Hitze unter Rühren schmelzen.

8. Die Haferfleks im Blitzhacker (Zerkleinerer) fein zerbröseln, mit gerösteten Mandeln, Zimt, Kardamom und Kuvertüre in einer Schüssel mischen. Einen runden Ausstecher (Ø 5 ½ cm) von innen dünn mit Öl bestreichen und auf ein Backblech (mit Backpapier belegt) legen. 1 Teelöffel der Knuspermasse in den Ausstecher füllen und mit dem Teelöffel glatt streichen. Auf diese Weise 20 Taler herstellen. Die Knuspertaler fest werden lassen.

9. Inzwischen für die Füllung getrocknete Mangostücke mit einer Küchenschere in kleine Stücke schneiden. Die Mangostückchen mit dem Wasser zugedeckt in einem Topf aufkochen lassen. Den Topf von der Kochstelle nehmen. Die Mangostückchen zugedeckt etwa 15 Minuten quellen lassen. Die Mangostücke und die Zitronenschale in einen hohen Rührbecher geben und pürieren.

10. Die weiße Kuvertüre hacken und mit dem Kokosfett in einem Topf im Wasserbad bei schwacher Hitze unter Rühren schmelzen, etwas abkühlen lassen und nach und nach unter das Mangopüree rühren.

11. Um die Burger zusammenzusetzen, die Hälfte der Mangomasse auf die Oberseite von 20 Gebäcktalern verteilen. Jeweils einen Knuspertaler darauflegen. Die restliche Mangomasse auf den Unterseiten der übrigen Taler verteilen. Die Taler mit der Mangoseite auf die Knuspertaler legen und leicht andrücken. Die Mangomasse fest werden lassen.

8 PISTAZIENHERZEN ETWA 40 STÜCK

PRO STÜCK: E: 1 g, F: 4 g, Kh: 14 g, kJ: 395, kcal: 94, BE: 1,0
ZUBEREITUNGSZEIT: 40 Minuten, ohne Kühlzeit
BACKZEIT: etwa 10 Minuten je Backblech
HALTBARKEIT: kühl gestellt 2–3 Wochen in gut schließenden Dosen

HERZLICHES MITBRINGSEL

FÜR DEN KNETTEIG:

60 g Pistazienkerne
250 g Weizenmehl
1 gestr. TL Dr. Oetker Backin
75 g Zucker
1 Pck. Dr. Oetker Vanillin-Zucker
125 g Butter oder Margarine
1 Ei (Größe M)

FÜR DEN GUSS UND FÜR DIE FÜLLUNG:

200 g Puderzucker
etwa 3 EL Zitronensaft
etwa 4 EL Hagebuttenkonfitüre oder rotes Gelee

1. Für den Knetteig die Pistazien fein mahlen. Dann Mehl mit Backpulver in einer Rührschüssel mischen. Die restlichen Zutaten sowie die gemahlenen Pistazienkerne hinzufügen und mit einem Mixer (Knethaken) zunächst kurz auf niedrigster, dann auf höchster Stufe gut durcharbeiten.

2. Anschließend auf der leicht bemehlten Arbeitsfläche kurz zu einem Teig verkneten. Den Teig in Frischhaltefolie gewickelt etwa 1 Stunde in den Kühlschrank legen.

3. Den Backofen vorheizen.
Ober-/Unterhitze: etwa 180 °C
Heißluft: etwa 160 °C

4. Den Teig portionsweise auf der leicht bemehlten Arbeitsfläche etwa ½ cm dick ausrollen. Mit einer Ausstechform Herzen (etwa 5 cm) ausstechen und auf Backbleche (mit Backpapier belegt) legen.

5. Die Backbleche nacheinander (bei Heißluft zusammen) in den vorgeheizten Backofen schieben. Die Gebäckherzen etwa **10 Minuten je Backblech backen.**

6. Herzen mit dem Backpapier von den Backblechen auf Kuchenroste ziehen und erkalten lassen.

7. Für den Guss und für die Füllung den Puderzucker mit dem Zitronensaft zu einem dickflüssigen Guss verrühren.

8. Die Konfitüre oder das Gelee glatt rühren. Etwas davon in einen Gefrierbeutel füllen und eine kleine Ecke abschneiden. Nacheinander die Hälfte der Herzen auf der Oberseite mit dem Guss bestreichen. Sofort 2 längliche Streifen Konfitüre bzw. Gelee in die Mitte der Herzen spritzen und mit einem Holzstäbchen auseinanderziehen. Den Guss fest werden lassen.

9. Die restlichen Herzen auf der Unterseite mit Konfitüre bestreichen, mit den verzierten Herzen zusammensetzen.

10 ESPRESSO-KEKS-STAPEL ETWA 25 STÜCK

PRO STÜCK: E: 2 g, F: 8 g, Kh: 13 g, kJ: 558, kcal: 134, BE: 1,0
ZUBEREITUNGSZEIT: 100 Minuten, ohne Kühlzeit
BACKZEIT: 8–10 Minuten je Backblech
HALTBARKEIT: kühl gestellt etwa 2 Wochen in gut schließenden Dosen

FÜR KAFFEELIEBHABER

ZUM VORBEREITEN:

50 g mit Zartbitter-Schokolade überzogene Espressobohnen

FÜR DEN KNETTEIG:

180 g Weizenmehl
1 Msp. Dr. Oetker Backin
60 g brauner Zucker
1 gestr. TL Dr. Oetker Vanillin-Zucker
1 Prise Salz
100 g Butter oder Margarine
1 Ei (Größe M)

FÜR DIE FÜLLUNG:

100 g Vollmilch-Kuvertüre
60 g brauner Zucker
40 g kalte Butter
50 g Schlagsahne

ZUM GARNIEREN:

25 mit Zartbitter-Schokolade überzogene Espressobohnen (etwa 30 g)

1. Zum Vorbereiten überzogene Espressobohnen in einem Blitzhacker (Zerkleinerer) sehr fein hacken.

2. Für den Knetteig Mehl mit Backpulver in einer Rührschüssel mischen. Braunen Zucker, Vanillin-Zucker und Salz hinzugeben und untermischen. Butter oder Margarine in kleine Stücke schneiden, zusammen mit dem Ei und den gehackten Espressobohnen in die Schüssel geben.

3. Die Zutaten mit einem Mixer (Knethaken) zunächst kurz auf niedrigster, dann auf höchster Stufe gut durcharbeiten. Anschließend auf einer leicht bemehlten Arbeitsfläche kurz zu einem Teig verkneten. Aus dem Teig 2 rechteckige Stangen (je etwa 18 x 3 x 3 cm) formen, in Frischhaltefolie wickeln und für mindestens 2 Stunden in den Kühlschrank stellen.

4. Den Backofen vorheizen.
Ober-/Unterhitze: etwa 180 °C
Heißluft: etwa 160 °C

5. Aus jeder Teigstange mit einem Sägemesser etwa 50 sehr dünne Scheiben schneiden. Die Scheiben auf 3 Backbleche (mit Backpapier belegt) legen. Die Backbleche nacheinander (bei Heißluft zusammen) in den vorgeheizten Backofen schieben. Die Keksscheiben **8–10 Minuten je Backblech backen.**

6. Die Kekse mit dem Backpapier auf Kuchenroste ziehen und erkalten lassen.

7. Für die Füllung die Kuvertüre hacken und in eine Rührschüssel geben. Den braunen Zucker in einen kleinen Topf geben, bei mittlerer Hitze schmelzen und unter Rühren aufkochen lassen. Den Topf von der Kochstelle nehmen. Nacheinander Butter und Sahne mit einem Kochlöffel unterrühren. Achtung: Es könnte spritzen!

8. Die Masse im offenen Topf unter Rühren etwa 1 Minute kochen lassen. Den Topf wieder von der Kochstelle nehmen. Die braune Zuckermasse unter Rühren etwa 2 Minuten abkühlen lassen.

9. Die lauwarme Zuckermasse auf die gehackte Kuvertüre geben, 2 Minuten stehen lassen, dann mit einem Kochlöffel zu einer glatten Masse verrühren. Die Masse für etwa 15 Minuten in den Kühlschrank stellen, bis die Masse kalt und beinahe fest ist.

10. Die Masse mit einem Mixer (Rührstäbe) kurz aufschlagen, sodass sie hell und cremig wird. Die Creme in einen Spritzbeutel mit Lochtülle (Ø 8 mm) geben.

11. Auf 25 Kekse jeweils einen kleinen Tupfen Creme spritzen und mit einer Espressobohne garnieren. Die restliche Creme als Tupfen auf die übrigen Kekse spritzen. Nacheinander jeweils 3 Kekse mit Tupfen und einen Keks mit Espressobohne zu einem Stapel aufeinanderlegen und leicht zusammendrücken.

Tipp: Mit Schokolade überzogene Espresso- oder Kaffeebohnen gibt es in unterschiedlichen Varianten. Wer einen milden Geschmack bevorzugt, verwendet Kaffeebohnen mit Vollmilch-Schokolade.

12 DINKELKEKSE MIT FRUCHTKNUSPER ETWA 35 STÜCK

PRO STÜCK: E: 1 g, F: 5 g, Kh: 10 g, kJ: 385, kcal: 92, BE: 1,0
ZUBEREITUNGSZEIT: 120 Minuten, ohne Kühlzeit
BACKZEIT: etwa 10 Minuten je Backblech
HALTBARKEIT: etwa 2 Wochen in gut schließenden Dosen

GUT KOMBINIERT

FÜR DEN KNETTEIG:

150 g Dinkelmehl (Type 630)
30 g Zucker
1 Prise Salz
80 g Butter oder Margarine
1 Eigelb (Größe M)
30 g dunkler Zuckerrübensirup

FÜR DIE FÜLLUNG:

150 g weiße Kuvertüre
50 g Kokosfett
60 g gezuckerte Gelee-Früchte (z. B. mit Orangen- oder Zitronengeschmack)
70 g Vollkorn Haferfleks ® Klassik (Kölln)
1 Msp. gem. Zimt
1 Msp. gem. Ingwer

1. Für den Knetteig Dinkelmehl mit Zucker und Salz in einer Rührschüssel vermischen. Butter oder Margarine in kleine Stücke schneiden, zusammen mit dem Eigelb und dem Sirup in die Rührschüssel geben.

2. Die Zutaten mit einem Mixer (Knethaken) zunächst kurz auf niedrigster, dann auf höchster Stufe gut durcharbeiten. Anschließend auf einer leicht bemehlten Arbeitsfläche kurz zu einem Teig verkneten. Den Teig in Frischhaltefolie gewickelt mindestens 2 Stunden in den Kühlschrank legen.

3. Den Backofen vorheizen.
Ober-/Unterhitze: etwa 180 °C
Heißluft: etwa 160 °C

4. Den Teig portionsweise auf der bemehlten Arbeitsfläche etwa 2 mm dick ausrollen. Mit einer Gabel Wellenlinien in den Teig ritzen. Dann mit einer ovalen Ausstechform (etwa 4 x 3 ½ cm) etwa 105 Ovale ausstechen und auf 3 Backbleche (mit Backpapier belegt) legen.

5. Die Backbleche nacheinander (bei Heißluft zusammen) in den vorgeheizten Backofen schieben. Die Teigovale **etwa 10 Minuten je Backblech backen.**

6. Die Kekse mit dem Backpapier auf Kuchenroste ziehen und erkalten lassen.

7. Für die Füllung die Kuvertüre in kleine Stücke hacken. Zwei Drittel davon mit 20 g vom Kokosfett in einem Topf im Wasserbad bei schwacher Hitze unter Rühren schmelzen. Den Topf aus dem Wasserbad nehmen, die restliche Kuvertüre darin unter Rühren schmelzen und glatt rühren. Geschmolzene Kuvertüre etwa 2 Minuten abkühlen lassen.

8. Die Hälfte der geschmolzenen Kuvertüre in eine Rührschüssel geben. Restliches Kokosfett in kleinen Stücken dazugeben und unterrühren, bis das Kokosfett geschmolzen ist. Die Kuvertüremasse für etwa 20 Minuten in den Kühlschrank stellen, dabei gelegentlich umrühren.

9. Inzwischen die Gelee-Früchte hacken, zusammen mit den Haferfleks in einen Blitzhacker (Zerkleinerer) geben und sehr fein hacken, sodass eine Bröselmasse entsteht. Bröselmasse, restliche Kuvertüremasse, Zimt und Ingwer vermischen.

10. Die gekühlte Kuvertüremasse mit einem Mixer (Rührstäbe) mit Rührbesen schaumig schlagen, bis sie dickflüssig-cremig ist. Die Masse unter die Bröselmasse heben und etwa 5 Minuten stehen lassen.

11. Die Füllung in einen Spritzbeutel mit Lochtülle (Ø 10 mm) füllen. Jeweils 2 Kekse mit etwas von der Füllung bespritzen und mit einem 3. Keks zusammensetzen und andrücken. Füllung fest werden lassen.

Tipp: Geleefrüchte werden, anders als Wein- oder Fruchtgummi, ohne Gelatine hergestellt. Wein- oder Fruchtgummi ist für dieses Rezept ungeeignet.

14 GESTREIFTE MOHNKEKSE ETWA 55 STÜCK

PRO STÜCK: E: 0,5 g, F: 2 g, Kh: 3 g, kJ: 130, kcal: 31, BE: 0,5
ZUBEREITUNGSZEIT: 30 Minuten, ohne Kühlzeit
BACKZEIT: etwa 15 Minuten je Backblech
HALTBARKEIT: etwa 3 Wochen in gut schließenden Dosen

ZUM WEGKNUSPERN

FÜR DEN KNETTEIG:

100 g Weizenmehl
1 Pck. Dr. Oetker Pudding-Pulver Vanille-Geschmack
1 Prise Salz
70 g Zucker
1 Eigelb (Größe M)
100 g Butter oder Margarine

ZUM BESTREICHEN UND BESTREUEN:

1 Eiweiß (Größe M)
1 Prise Salz
20 g Mohnsamen

---

1. Für den Teig Mehl mit Pudding-Pulver und Salz in einer Rührschüssel mischen. Restliche Zutaten hinzufügen und mit einem Mixer (Rührstäbe) zunächst kurz auf niedrigster, dann auf höchster Stufe gut durcharbeiten.

2. Anschließend auf der leicht bemehlten Arbeitsfläche kurz zu einem Teig verkneten. Den Teig halbieren. Eine Hälfte in Frischhaltefolie gewickelt in den Kühlschrank legen, die andere Hälfte zu einem Quadrat (16 x 16 cm) ausrollen und in 4 Streifen (je 4 cm Breite) schneiden.

3. Zum Bestreichen und Bestreuen Eiweiß mit Salz verschlagen. Alle Teigstreifen damit bestreichen. Auf die Eiweißseite eines Teigstreifens 1 Teelöffel Mohn streuen. Den zweiten Teigstreifen mit der Eiweißseite nach unten darauflegen und leicht andrücken. Wieder mit Eiweiß bestreichen und mit 1 Teelöffel Mohn bestreuen.

4. Mit den anderen beiden Teigstreifen ebenso verfahren, den letzten Teigstreifen jedoch nicht mit Eiweiß bestreichen und nicht mit Mohn bestreuen. Die entstandene Teigstange etwas nachformen und mindestens 1 Stunde in Frischhaltefolie gewickelt in den Kühlschrank legen.

5. Restlichen Teig, verschlagenes Eiweiß und Mohn ebenso verarbeiten wie unter den Punkten 2–4 beschrieben und in den Kühlschrank legen.

6. Den Backofen vorheizen.
Ober-/Unterhitze: etwa 180 °C
Heißluft: etwa 160 °C

7. Die gestreiften Teigstangen mit einem Sägemesser in etwa ½ cm breite Scheiben schneiden. Die Scheiben nebeneinander auf Backbleche (mit Backpapier belegt) legen. Die Backbleche nacheinander (bei Heißluft zusammen) in den vorgeheizten Backofen schieben. Die Kekse **etwa 15 Minuten je Backblech backen.**

8. Die Backbleche auf Kuchenroste stellen. Die Mohnkekse auf den Blechen erkalten lassen.

16 KNUSPRIGE KEKSSTREIFEN ETWA 30 STÜCK

PRO STÜCK: E: 1 g, F: 4 g, Kh: 6 g, kJ: 268, kcal: 64, BE: 0,5
ZUBEREITUNGSZEIT: 60 Minuten, ohne Kühlzeit
BACKZEIT: etwa 10 Minuten je Backblech
HALTBARKEIT: kühl gestellt etwa 2 Wochen in gut schließenden Dosen

MIT KÜRBISKERN UND KROKANT

FÜR DEN KNETTEIG:

150 g Weizenmehl
½ gestr. TL Dr. Oetker Backin
40 g flüssiger Honig
30 g Zucker
1 Prise Salz
100 g Butter oder Margarine
1 Eigelb (Größe M)

FÜR DIE FÜLLUNG UND DEN BELAG:

40 g Kürbiskerne
1 Eiweiß (Größe M)
1 Prise Salz
30 g Haselnusskrokant
20 g Leinsamen
1 TL Zucker

---

1. Für den Knetteig Mehl mit Backpulver in einer Rührschüssel mischen. Honig, Zucker und Salz untermischen. Butter oder Margarine in kleine Stücke schneiden, zusammen mit dem Eigelb in die Rührschüssel geben.

2. Die Zutaten mit einem Mixer (Knethaken) erst kurz auf niedrigster, dann auf höchster Stufe gut durcharbeiten. Dann auf einer leicht bemehlten Arbeitsfläche kurz zu einem Teig verkneten. Den Teig in Frischhaltefolie gewickelt mindestens 1 Stunde in den Kühlschrank stellen.

3. Für die Füllung und den Belag die Kürbiskerne hacken, in einer Pfanne ohne Fett goldbraun rösten und auf einen Teller geben. Das Eiweiß mit dem Salz steif schlagen.

4. Den Teig in 5 gleich große Teile teilen und nacheinander auf der leicht bemehlten Arbeitsfläche jeweils zu einem Streifen (etwa 24 x 8 cm) ausrollen.

5. Den Eischnee halbieren. Unter eine Hälfte die erkalteten Kürbiskerne, unter die andere Hälfte Haselnusskrokant und Leinsamen rühren.

6. Jeweils zwei Drittel der Kürbismasse auf 2 Teigstreifen verteilen und glatt streichen. Zwei Drittel der Krokant-Leinsamen-Masse ebenfalls auf zwei Teigstreifen verteilen und glatt streichen.

7. Die bestrichenen Teigstreifen mit einer Palette abwechselnd aufeinanderschichten und leicht andrücken. Restliche Kürbis- und Krokant-Leinsamen-Masse auf dem letzten Teigstreifen verteilen und glatt streichen. Den Teigstreifen auf den Stapel legen, leicht andrücken und mit Zucker bestreuen.

8. Die Kanten des Teigstapels rundherum gerade schneiden. Den Teigstapel mit Frischhaltefolie zudecken und im Gefrierfach etwa 20 Minuten anfrieren lassen oder für mindestens 1 Stunde in den Kühlschrank stellen.

9. Den Backofen vorheizen.
Ober-/Unterhitze: etwa 180 °C
Heißluft: etwa 160 °C

10. Den Teigstreifen mit einem Sägemesser quer in etwa 30 dünne Scheiben schneiden. Die Scheiben auf 1–2 Backbleche (mit Backpapier belegt) legen.

11. Die Backbleche nacheinander (bei Heißluft zusammen) in den vorgeheizten Backofen schieben. Die Teigscheiben **etwa 10 Minuten je Backblech backen.**

12. Nach dem Backen die dünnen Keksstreifen mit dem Backpapier auf Kuchenroste ziehen. Die knusprigen Keksstreifen erkalten lassen.

18 AMARENA-DOPPEL ETWA 55 STÜCK

PRO STÜCK: E: 1 g, F: 4 g, Kh: 8 g, kJ: 311, kcal: 75, BE: 1,0
ZUBEREITUNGSZEIT: 70 Minuten, ohne Kühlzeit
BACKZEIT: etwa 10 Minuten je Backblech
HALTBARKEIT: kühl gestellt etwa 2 Wochen in gut schließenden Dosen

FRUCHTIG

FÜR DEN KNETTEIG:

100 g geröstete, gesalzene Macadamianusskerne
170 g Weizenmehl
½ gestr. TL Dr. Oetker Backin
100 g Zucker
1 Eigelb (Größe M)
100 g Butter oder Margarine
2 EL kaltes Wasser

FÜR DIE FÜLLUNG:

70 g abgetropfte Amarena-Kirschen (aus dem Glas)
100 g Marzipan-Rohmasse
30 g Butter (zimmerwarm)

FÜR DEN GUSS:

150 g Puderzucker
2 EL Amarena-Sirup (von den abgetropften Kirschen)
1–2 EL Zitronensaft
evtl. etwas rote Speisefarbe

---

1. Für den Teig die Macadamianusskerne im Blitzhacker (Zerkleinerer) oder mit einem Messer sehr fein hacken. Mehl mit gehackten Nusskernen und Backpulver in einer Rührschüssel mischen. Zucker, Eigelb, in Stückchen geschnittene Butter oder Margarine und Wasser hinzufügen, mit einem Mixer (Knethaken) zunächst kurz auf niedrigster, dann auf höchster Stufe gut durcharbeiten.

2. Anschließend auf einer leicht bemehlten Arbeitsfläche kurz zu einem Teig verkneten. Den Teig in Frischhaltefolie gewickelt, mindestens 2 Stunden in den Kühlschrank legen.

3. Den Backofen vorheizen.
Ober-/Unterhitze: etwa 180 °C
Heißluft: etwa 160 °C

4. Den Knetteig portionsweise auf der leicht bemehlten Arbeitsfläche etwa 2 mm dünn ausrollen. Mit einem Blütenausstecher etwa 110 Blüten (Ø etwa 4 cm) ausstechen. Die Teigblüten auf 4 Backbleche (mit Backpapier belegt) legen.

5. Die Backbleche nacheinander (bei Heißluft zusammen) in den vorgeheizten Backofen schieben. Die Plätzchen **etwa 10 Minuten je Backblech backen.**

6. Die Plätzchen mit dem Backpapier auf Kuchenroste ziehen und erkalten lassen.

7. Für die Füllung die Amarena-Kirschen sehr fein hacken. Marzipan-Rohmasse in kleine Stücke schneiden.

8. Marzipanstücke mit Butter und gehackten Amarena-Kirschen mit einem Mixer (Rührstäbe) zu einer glatten Masse verrühren. Die Marzipan-Kirsch-Masse in einen kleinen Gefrierbeutel füllen und eine Ecke abschneiden.

9. Die Hälfte der Plätzchen auf die Arbeitsfläche legen und etwas Marzipanmasse daraufspritzen. Die restlichen Plätzchen darauflegen und leicht andrücken.

10. Für den Guss Puderzucker mit Sirup und Zitronensaft glatt rühren und evtl. etwas rot färben. Den Guss in einen kleinen Gefrierbeutel füllen und eine kleine Ecke abschneiden. Den Guss in Streifen, von innen nach außen, auf die Blüten spritzen. Den Guss fest werden lassen.

20 VIER-SCHICHT-KEKSE ETWA 65 STÜCK

PRO STÜCK: E: 1 g, F: 2 g, Kh: 5 g, kJ: 188, kcal: 45, BE: 0,5
ZUBEREITUNGSZEIT: 45 Minuten, ohne Kühlzeit
BACKZEIT: etwa 10 Minuten je Backblech
HALTBARKEIT: kühl gestellt etwa 2 Wochen in gut schließenden Dosen

FRUCHTIG - KNUSPRIG - WÜRZIG

ZUM VORBEREITEN:
10 g Kakaobohnensplitter
30 g getrocknete Cranberrys

FÜR DEN KNETTEIG:
200 g Weizenmehl
50 g Speisestärke
½ gestr. TL Dr. Oetker Backin
100 g Puderzucker
1 Prise Salz
150 g Butter oder Margarine
1 Ei (Größe M)

1 TL gem. Kardamom
30 g abgezogene, gem. Mandeln
25 g gem. Pistazienkerne

---

1. Zum Vorbereiten die Kakaobohnensplitter und die Cranberrys nacheinander fein hacken (nicht mischen).

2. Für den Knetteig Mehl mit Speisestärke und Backpulver in einer Rührschüssel mischen. Puderzucker und Salz hinzugeben, untermischen. Butter oder Margarine in kleine Stücke schneiden, zusammen mit dem Ei in die Rührschüssel geben.

3. Die Zutaten mit einem Mixer (Knethaken) zunächst kurz auf niedrigster, dann auf höchster Stufe gut durcharbeiten. Anschließend auf einer leicht bemehlten Arbeitsfläche kurz zu einem Teig verkneten.

4. Den Teig vierteln. Unter eine Teigportion die gehackten Kakaobohnensplitter und den Kardamom, unter die 2. Teigportion die gehackten Cranberrys, unter die 3. Teigportion die gemahlenen Mandeln und unter die 4. Teigportion die gemahlenen Pistazien kneten.

5. Jede Teigportion auf der leicht bemehlten Arbeitsfläche zu einem rechteckigen Streifen (je etwa 30 x 5 cm) ausrollen. Die Streifen in beliebiger Reihenfolge aufeinanderschichten, dabei die Oberfläche der unteren drei Streifen jeweils dünn mit Wasser bestreichen. Die Streifen andrücken. Die Teigstange mit Frischhaltefolie zudecken und mindestens 2 Stunden in den Kühlschrank legen.

6. Den Backofen vorheizen.
Ober-/Unterhitze: etwa 180 °C
Heißluft: etwa 160 °C

7. Die Teigstange in 4–5 mm dicke Scheiben schneiden. Die Teigscheiben auf 2 Backbleche (mit Backpapier belegt) legen. Die Backbleche nacheinander (bei Heißluft zusammen) in den vorgeheizten Backofen schieben. Die Teigscheiben **etwa 10 Minuten je Backblech backen.**

8. Die Vier-Schicht-Kekse mit dem Backpapier auf Kuchenroste ziehen und erkalten lassen.

Tipps: Kakaosplitter erhalten Sie in Schoko-Fachgeschäften. Ersatzweise können Sie Schokotröpfchen fein hacken und verwenden.
Die Pistazienkerne können Sie selbst in einem Blitzhacker oder Zerkleinerer fein mahlen.

22 ORANGENKEKSE ETWA 60 STÜCK

PRO STÜCK: E: 1 g, F: 3 g, Kh: 8 g, kJ: 268, kcal: 64, BE: 0,5
ZUBEREITUNGSZEIT: etwa 50 Minuten, ohne Kühlzeit
BACKZEIT: etwa 10 Minuten je Backblech
HALTBARKEIT: kühl gestellt etwa 2 Wochen in gut schließenden Dosen

SCHMECKEN ZU JEDER JAHRESZEIT

FÜR DEN KNETTEIG:

300 g Weizenmehl
30 g Hartweizengrieß
120 g Zucker
½ Pck. Dr. Oetker Finesse Orangenschalen-Aroma
2 Eigelb (Größe M)
200 g Butter oder Margarine
2 EL kaltes Wasser

FÜR DIE FÜLLUNG:

200 g bittere Orangenmarmelade

1. Für den Teig Mehl in eine Rührschüssel geben. Grieß, Zucker, Aroma, Eigelb, in Stückchen geschnittene Butter oder Margarine und Wasser hinzufügen. Die Zutaten mit einem Mixer (Knethaken) zunächst kurz auf niedrigster, dann auf höchster Stufe gut durcharbeiten.

2. Anschließend den Teig auf der leicht bemehlten Arbeitsfläche zu einem glatten Teig verkneten. Aus dem Teig 2 Rollen (je etwa 25 cm lang) formen. Die Rollen in Frischhaltefolie gewickelt mindestens 3 Stunden in den Kühlschrank legen.

3. Den Backofen vorheizen.
Ober-/Unterhitze: etwa 180 °C
Heißluft: etwa 160 °C

4. Die Teigrollen mit einem Sägemesser in je 30 Scheiben schneiden. Dabei die Rollen immer wieder formen, damit die Scheiben gleichmäßig rund sind. Die Teigscheiben auf Backbleche (mit Backpapier belegt) legen.

5. Die Backbleche nacheinander (bei Heißluft zusammen) in den vorgeheizten Backofen schieben. Die Orangenkekse **etwa 10 Minuten je Backblech backen.**

6. Die Kekse mit dem Backpapier von den Backblechen auf Kuchenroste ziehen. Kekse erkalten lassen.

7. Für die Füllung die Marmelade in einem kleinen Topf leicht pürieren oder durch ein Sieb streichen und unter Rühren gut aufkochen. Auf die Hälfte der Kekse jeweils einen Klecks Marmelade geben, mit einem zweiten Keks bedecken, andrücken und die Füllung erkalten lassen.

24 GRAPEFRUITKEKSE ETWA 38 STÜCK

PRO STÜCK: E: 1 g, F: 7 g, Kh: 14 g, kJ: 515, kcal: 123, BE: 1,0
ZUBEREITUNGSZEIT: 120 Minuten, ohne Kühlzeit
BACKZEIT: 8–10 Minuten je Backblech
HALTBARKEIT: kühl gestellt etwa 2 Wochen in gut schließenden Dosen

MIT ROTWEISSER DUOFÜLLUNG

ZUM VORBEREITEN:
1 Bio-Grapefruit (unbehandelt, ungewachst)

FÜR DEN KNETTEIG:
250 g Weizenmehl
120 g Puderzucker
1 Prise Salz
170 g Butter oder Margarine
1 Eigelb (Größe M)
1 EL kaltes Wasser

FÜR DIE 1. FÜLLUNG:
150 g rotes Johannisbeergelee

FÜR DIE 2. FÜLLUNG:
120 g weiße Schokolade
10 g Kokosfett
80 g geröstete, gesalzene Macadamianusskerne

ZUM GARNIEREN:
10 g geröstete, gesalzene Macadamianusskerne
30 g rotes Johannisbeergelee

1. Zum Vorbereiten die Grapefruit heiß abwaschen, abtrocknen und für den Teig die Schale fein abreiben. Die Grapefruit halbieren und auspressen. 2 Esslöffel vom Saft für die 1. Füllung beiseitestellen.

2. Für den Knetteig Mehl, Puderzucker und Salz in einer Rührschüssel vermischen. Butter oder Margarine in kleine Stücke schneiden, zusammen mit der abgeriebenen Grapefruitschale, dem Eigelb und dem kalten Wasser ebenfalls in die Rührschüssel geben.

3. Die Zutaten mit einem Mixer (Knethaken) zunächst kurz auf niedrigster, dann auf höchster Stufe gut durcharbeiten. Anschließend auf einer leicht bemehlten Arbeitsfläche kurz zu einem Teig verkneten.

4. Den Teig in Frischhaltefolie gewickelt mindestens 2 Stunden in den Kühlschrank legen.

5. Den Backofen vorheizen.
Ober-/Unterhitze: etwa 180 °C
Heißluft: etwa 160 °C

6. Den Teig dritteln. Jede Teigportion auf der leicht bemehlten Arbeitsfläche etwa 2 mm dick ausrollen. Mit einem Zackenrädchen aus jeder Teigportion etwa 38 Quadrate (je 4 x 4 cm) ausradeln und auf 3 Backbleche (mit Backpapier belegt) legen.

7. Die Backbleche nacheinander (bei Heißluft zusammen) in den vorgeheizten Backofen schieben. Die Teigquadrate **8–10 Minuten je Backblech backen.**

8. Die Keksquadrate jeweils mit dem Backpapier auf Kuchenroste ziehen und erkalten lassen.

9. Für die 1. Füllung das Johannisbeergelee in einem kleinen Topf aufkochen. Den abgemessenen Grapefruitsaft unterrühren und kräftig aufkochen. Die Füllung etwas abkühlen lassen. Dann die Füllung nach und nach mit einem Teelöffel auf einem Drittel der Keksquadrate verteilen und etwas antrocknen lassen.

10. Inzwischen für die 2. Füllung die Schokolade in Stücke brechen. Zwei Drittel davon mit dem Kokosfett in einem Topf im Wasserbad bei schwacher Hitze unter Rühren schmelzen. Den Topf aus dem Wasserbad nehmen. Die restliche Schokolade darin unter Rühren schmelzen.

11. Die Macadamianusskerne sehr fein hacken und unter die Schokoladenmasse heben. Die Füllung auf einem weiteren Drittel der Plätzchen verteilen.

12. Jeweils 2 mit verschiedenen Füllungen bestrichene Kekse aufeinandersetzen und mit einem weiteren unbestrichenen Keks bedecken. Die Schichtkekse leicht zusammendrücken.

13. Zum Garnieren die Nüsse sehr fein hacken. Gelee glatt rühren, erwärmen und in einen kleinen Gefrierbeutel füllen, eine kleine Ecke abschneiden. Auf jeden Keks einen kleinen Tupfen Gelee spritzen und sofort mit etwas von den gehackten Macadamianusskernen bestreuen.

Tipp: Wenn Sie keine Bio-Grapefruit bekommen, verwenden Sie ein Päckchen Dr. Oetker Orangenschalen-Aroma oder die Schale einer Bio-Orange.

26 WEISSE BANANENPLÄTZCHEN ETWA 35 STÜCK

PRO STÜCK: E: 1 g, F: 6 g, Kh: 12 g, kJ: 433, kcal: 103, BE: 1,0
ZUBEREITUNGSZEIT: 60 Minuten, ohne Abkühlzeit
BACKZEIT: 10–15 Minuten je Backblech
HALTBARKEIT: kühl gestellt etwa 2 Wochen in gut schließenden Dosen

EINFACH ZU MACHEN

FÜR DEN ALL-IN-TEIG:
150 g Speisestärke
100 g Reismehl (Reformhaus)
1 gestr. TL Dr. Oetker Backin
80 g Zucker
1 Pck. Dr. Oetker Vanillin-Zucker
1 Ei (Größe M)
170 g Butter (zimmerwarm)
1 TL Zitronensaft

FÜR DIE FÜLLUNG:
200 g Schoko-Bananen (von Casali)
30 g Kokosfett (zimmerwarm)

---

1. Den Backofen vorheizen.
Ober-/Unterhitze: etwa 180 °C
Heißluft: etwa 160 °C

2. Für den Teig Speisestärke, Reismehl und Backpulver in einer Rührschüssel mischen. Zucker, Vanillin-Zucker, Ei, Butter und Zitronensaft hinzufügen. Die Zutaten mit einem Mixer (Rührstäbe) zunächst kurz auf niedrigster, dann auf höchster Stufe in etwa 2 Minuten zu einem Teig verarbeiten.

3. Den Teig mit zwei Teelöffeln in 70 Häufchen (mit etwas Abstand) auf 2 Backbleche (mit Backpapier belegt) setzen. Die Teighäufchen mit einem Teelöffel etwas flacher drücken.

4. Die Backbleche nacheinander (bei Heißluft zusammen) in den vorgeheizten Backofen schieben. Die Plätzchen **10–15 Minuten je Backblech backen.**

5. Die Backbleche auf Kuchenroste setzen. Die Plätzchen auf den Backblechen erkalten lassen.

6. Für die Füllung die Schoko-Bananen in dünne Streifen schneiden und in einen hohen Rührbecher füllen. Kokosfett hinzufügen und die Zutaten mit einem Pürierstab zu einer streichfähigen Masse pürieren.

7. Die Hälfte der Plätzchen auf der Unterseite mit der Füllung bestreichen. Die restlichen Plätzchen mit der Unterseite darauflegen und leicht andrücken. Die Füllung fest werden lassen.

Tipp: Anstelle von Reismehl können Sie den Teig auch mit 120 g Weizenmehl und 120 g Speisestärke zubereiten. Die restlichen Zutatenmengen bleiben gleich.

28 ORANGEN-DATTEL-GEBÄCK ETWA 22 STÜCK

PRO STÜCK: E: 1 g, F: 7 g, Kh: 12 g, kJ: 477, kcal: 114, BE: 1,0
ZUBEREITUNGSZEIT: 80 Minuten, ohne Kühlzeit
BACKZEIT: etwa 9 Minuten je Backblech
HALTBARKEIT: kühl gestellt etwa 2 Wochen in gut schließenden Dosen

KLEINE SEELENTRÖSTER

FÜR DEN KNETTEIG:
150 g Weizenmehl
1 Msp. Dr. Oetker Backin
60 g Puderzucker
½ Pck. Dr. Oetker Finesse Orangenschalen-Aroma
1 Prise Salz
100 g Butter oder Margarine
1 Eigelb (Größe M)
20 g Zartbitter-Raspelschokolade

FÜR DIE FÜLLUNG:
100 g getrocknete Datteln (ohne Stein)
30 g Marzipan-Rohmasse
½ Pck. Dr. Oetker Finesse Orangenschalen-Aroma
40 g Kokosfett (zimmerwarm)

1. Für den Teig Mehl mit Backpulver in einer Rührschüssel mischen. Puderzucker, Orangenschalen-Aroma und Salz hinzugeben und untermischen. Butter oder Margarine in kleine Stücke schneiden, zusammen mit dem Eigelb und der Raspelschokolade in die Rührschüssel geben.

2. Die Zutaten mit einem Mixer (Knethaken) zunächst kurz auf niedrigster, dann auf höchster Stufe gut durcharbeiten. Anschließend auf der leicht bemehlten Arbeitsfläche kurz zu einem Teig verkneten.

3. Den Teig halbieren und jede Teighälfte zu einer rechteckigen Stange (jeweils etwa 14 x 3 x 3 cm) formen. Die Stangen in Frischhaltefolie gewickelt, für mindestens 2 Stunden in den Kühlschrank legen.

4. Den Backofen vorheizen.
Ober-/Unterhitze: etwa 180 °C
Heißluft: etwa 160 °C

5. Die Teigstangen in je 33 dünne Scheiben schneiden. Die Teigscheiben auf 2–3 Backbleche (mit Backpapier belegt) legen. Die Backbleche nacheinander (bei Heißluft zusammen) in den vorgeheizten Backofen schieben. Die Teigscheiben **etwa 9 Minuten je Backblech backen.**

6. Die Kekse mit dem Backpapier auf Kuchenroste ziehen und erkalten lassen.

7. Für die Füllung die Datteln in Scheiben schneiden und fein hacken. Die Marzipan-Rohmasse in kleine Stücke schneiden. Gehackte Datteln, Marzipanstücke und Orangenschalen-Aroma mit dem Kokosfett in einen Rührbecher geben und pürieren.

8. Von den Keksen 22 Stück beiseitelegen. Die Füllung mit einem Teelöffel auf die restlichen 44 Kekse verteilen und mit einem Messer etwas verstreichen.

9. Je 2 Kekse mit Füllung aufeinanderlegen und diese mit jeweils einem der beiseitegelegten Kekse ohne Füllung bedecken. Die Kekse leicht andrücken. Die Füllung fest werden lassen.

30 ZITRONETTEN ETWA 100 STÜCK

PRO STÜCK: E: 1 g, F: 3 g, Kh: 6 g, kJ: 215, kcal: 51, BE: 0,5
ZUBEREITUNGSZEIT: etwa 60 Minuten, ohne Kühlzeit
BACKZEIT: 12–15 Minuten je Backblech
HALTBARKEIT: kühl gestellt etwa 3 Wochen in gut schließenden Dosen

FÜR DEN KNETTEIG:

375 g Weizenmehl
1 gestr. TL Dr. Oetker Backin
125 g Zucker
1 Pck. Dr. Oetker Vanillin-Zucker
1 Ei (Größe M)
1 EL Milch (3,5 % Fett)
100 g abgezogene, gem. Mandeln
200 g Butter oder Margarine (zimmerwarm)
evtl. 1–2 EL Milch

FÜR DIE FÜLLUNG UND DEN GUSS:

etwa 3 EL Zitronengelee
125 g Puderzucker
2–3 EL Zitronensaft
60 g gehackte Pistazienkerne

1. Für den Teig Mehl mit Backpulver in einer Rührschüssel mischen. Zucker, Vanillin-Zucker, Ei, Milch, Mandeln und in Stückchen geschnittene Butter oder Margarine hinzufügen. Alles mit einem Mixer (Knethaken) zunächst kurz auf niedrigster, dann auf höchster Stufe gut durcharbeiten, evtl. 1–2 Esslöffel Milch hinzufügen.

2. Anschließend auf einer leicht bemehlten Arbeitsfläche kurz zu einem Teig verkneten. Aus dem Teig Rollen (Ø etwa 3 cm) formen und in Frischhaltefolie gewickelt einige Stunden oder über Nacht in den Kühlschrank legen.

3. Den Backofen vorheizen.
Ober-/Unterhitze: etwa 180 °C
Heißluft: etwa 160 °C

4. Die Teigrollen in knapp ½ cm dicke Scheiben schneiden und auf 3 Backbleche (mit Backpapier belegt) legen. Die Backbleche nacheinander (bei Heißluft zusammen) in den vorgeheizten Backofen schieben. Die Teigscheiben **12–15 Minuten je Backblech backen.**

5. Die Plätzchen mit dem Backpapier von den Backblechen auf Kuchenroste ziehen und erkalten lassen.

6. Für die Füllung Zitronengelee glatt rühren. Die Hälfte der Plätzchen damit bestreichen und mit den übrigen Plätzchen belegen.

7. Für den Guss Puderzucker mit so viel Zitronensaft verrühren, dass ein dickflüssiger, streichfähiger Guss entsteht. Die Plätzchen mit dem Guss bestreichen und mit Pistazien bestreuen. Guss trocknen lassen.

32 TERRASSENPLÄTZCHEN (TITELREZEPT) ETWA 60 STÜCK

PRO STÜCK: E: 1 g, F: 2 g, Kh: 7 g, kJ: 208, kcal: 50, BE: 0,5
ZUBEREITUNGSZEIT: etwa 90 Minuten, ohne Kühlzeit
BACKZEIT: etwa 10 Minuten je Backblech
HALTBARKEIT: kühl gestellt etwa 2 Wochen in gut schließenden Dosen

KLASSISCH UND GUT

FÜR DEN KNETTEIG:
300 g Weizenmehl
2 gestr. TL Dr. Oetker Backin
100 g Zucker
1 Pck. Dr. Oetker Vanillin-Zucker
1 Ei (Größe M)
150 g Butter oder Margarine (zimmerwarm)

ZUM BESTREICHEN:
80 g rotes Gelee

ZUM BESTÄUBEN:
etwas Puderzucker

---

1. Für den Teig Mehl mit Backpulver in einer Rührschüssel mischen. Restliche Zutaten hinzufügen und mit einem Mixer (Knethaken) zunächst kurz auf niedrigster, dann auf höchster Stufe gut durcharbeiten.

2. Anschließend auf einer leicht bemehlten Arbeitsfläche kurz zu einem Teig verkneten. Den Teig in Frischhaltefolie gewickelt etwa 1 Stunde in den Kühlschrank legen.

3. Den Backofen vorheizen.
Ober-/Unterhitze: etwa 180 °C
Heißluft: etwa 160 °C

4. Den Teig portionsweise auf der leicht bemehlten Arbeitsfläche etwa 3 mm dick ausrollen. Plätzchen von gleicher Form und gleicher Anzahl, aber in 3 verschiedenen Größen (Ø etwa 4 cm, 3 cm und 1 ½ cm) ausstechen.

5. Die Plätzchen auf 3–4 Backbleche (mit Backpapier belegt) legen. Die Backbleche nacheinander (bei Heißluft zusammen) in den vorgeheizten Backofen schieben. Die Plätzchen **etwa 10 Minuten je Backblech backen.**

6. Die Plätzchen mit dem Backpapier von den Backblechen auf Kuchenroste ziehen und erkalten lassen.

7. Zum Bestreichen Gelee glatt rühren. Von je 3 Plätzchen verschiedener Größe die beiden kleineren auf der Unterseite mit dem Gelee bestreichen und terrassenförmig auf das größte setzen.

8. Die Plätzchen mit etwas Puderzucker bestäuben. Nach Belieben noch kleine Geleetupfen auf die Plätzchen geben.

34 WÜRZIGE BLÄTTER ETWA 60 STÜCK

PRO STÜCK: E: 1 g, F: 3 g, Kh: 7 g, kJ: 251, kcal: 60, BE: 0,5
ZUBEREITUNGSZEIT: 70 Minuten, ohne Kühlzeit
BACKZEIT: 8–10 Minuten je Backblech
HALTBARKEIT: kühl gestellt etwa 2 Wochen in gut schließenden Dosen

SCHMECKEN NICHT NUR ZUR ADVENTSZEIT

FÜR DEN KNETTEIG:

250 g Weizenmehl
1 gestr. TL Dr. Oetker Backin
2 Msp. gem. Kardamom
2 Msp. gem. Zimt
1 Msp. gem. Koriander
1 Prise Salz
75 g Zucker
1 Pck. Dr. Oetker Vanillin-Zucker
50 g abgezogene, gem. Mandeln
1 Ei (Größe M)
120 g Butter oder Margarine

FÜR DIE FÜLLUNG:

100 g Orangenmarmelade
20 g brauner Zucker
130 g Marzipan-Rohmasse

ZUM BESTÄUBEN:

Puderzucker

---

1. Für den Knetteig Mehl mit Backpulver in einer Rührschüssel mischen. Kardamom, Zimt, Koriander, Salz, Zucker, Vanillin-Zucker, Mandeln, Ei und in Stückchen geschnittene Butter oder Margarine hinzufügen.

2. Die Zutaten mit einem Mixer (Knethaken) zunächst kurz auf niedrigster, dann auf höchster Stufe gut durcharbeiten.

3. Anschließend auf der bemehlten Arbeitsfläche zu einem glatten Teig verkneten. Den Teig in Frischhaltefolie gewickelt etwa 1 Stunde in den Kühlschrank legen.

4. Den Backofen vorheizen.
Ober-/Unterhitze: etwa 180 °C
Heißluft: etwa 160 °C

5. Den Teig portionsweise auf einer leicht bemehlten Arbeitsfläche etwa 2 mm dick ausrollen. Mit einem Blattausstecher (5–6 cm) etwa 120 Blätter ausstechen. Diese auf 3–4 Backbleche (mit Backpapier belegt) legen.

6. Die Backbleche nacheinander (bei Heißluft zusammen) in den vorgeheizten Backofen schieben. Die Blätter **8–10 Minuten je Backblech backen.**

7. Die Keksblätter mit dem Backpapier von den Backblechen auf Kuchenroste ziehen und erkalten lassen.

8. Für die Füllung Orangenmarmelade in einem kleinen Topf pürieren, mit Zucker unter Rühren etwa 2 Minuten ohne Deckel kochen lassen. Marzipan-Rohmasse in kleine Stücke schneiden, hinzufügen und zu einer geschmeidigen Masse verrühren. Die Füllung etwas abkühlen lassen.

9. Jeweils einen Keks mit etwas von der lauwarmen Füllung bestreichen und mit einem zweiten Keks belegen. Füllung erkalten lassen. Kekse mit Puderzucker bestäuben.

36 ANIS-KÜRBISKERN-STREIFEN ETWA 32 STÜCK

PRO STÜCK: E: 1 g, F: 3 g, Kh: 9 g, kJ: 256, kcal: 61, BE: 0,5
ZUBEREITUNGSZEIT: 120 Minuten, ohne Kühlzeit
BACKZEIT FÜR DAS BAISER: etwa 70 Minuten
BACKZEIT FÜR DIE STREIFEN: etwa 7 Minuten
HALTBARKEIT: kühl gestellt etwa 2 Wochen in gut schließenden Dosen

MIT PFLAUMENFÜLLUNG

FÜR DEN KNETTEIG:

50 g Weizenmehl
30 g Puderzucker
1 Prise Salz
25 g Butter oder Margarine
1 EL kaltes Wasser

FÜR DAS BAISER:

40 g Kürbiskerne
2 Eiweiß (Größe M)
1 TL Zitronensaft
100 g Zucker
50 g Puderzucker
1 gestr. TL gem. Anis
10 g Kartoffelmehl (Kartoffelstärke)
1 TL Anissamen

FÜR DIE FÜLLUNG:

80 g getrocknete Pflaumen (ohne Stein)
1 EL kochend heißes Wasser
40 g Kokosfett

---

1. Für den Teig Mehl mit Puderzucker und Salz in einer kleinen Rührschüssel oder einem Rührbecher vermischen. Butter oder Margarine mit dem Wasser hinzufügen. Die Zutaten mit einem Mixer (Knethaken) erst kurz auf niedrigster, dann auf höchster Stufe gut durcharbeiten.

2. Dann auf einer leicht bemehlten Arbeitsfläche kurz zu einem Teig verkneten. Den Knetteig in Frischhaltefolie gewickelt mindestens 1 Stunde in den Kühlschrank legen.

3. Für das Baiser Kürbiskerne im Zerkleinerer (Blitzhacker) sehr fein hacken oder mahlen.

4. Eiweiß mit Zitronensaft mit einem Mixer (Rührstäbe) auf höchster Stufe steif schlagen. Nach und nach den Zucker einrieseln lassen, dabei so lange weiterschlagen, bis sich der Zucker aufgelöst hat und der Eischnee stark glänzt. Puderzucker, gemahlenen Anis, Kartoffelmehl und die Hälfte der vorbereiteten Kürbiskerne mischen und kurz auf niedrigster Stufe unterrühren.

5. Den Backofen vorheizen.
Ober-/Unterhitze: etwa 100 °C
Heißluft: etwa 80 °C

6. Restliche vorbereitete Kürbiskerne und Anissamen mischen. Die Baisermasse in einen Spritzbeutel mit Lochtülle (Ø 7 mm) füllen. Aus der Baisermasse insgesamt 64 getupfte Streifen (etwa 6 cm lang, dazu jeweils 4 Tupfen so dicht aneinanderspritzen, dass sie verbunden sind) auf 1–2 Backbleche (mit Backpapier belegt) spritzen. Die vorbereitete Kürbis-Anis-Mischung daraufstreuen.

7. Die Backbleche in den vorgeheizten Backofen schieben. Die Baiserstreifen **etwa 70 Minuten trocknen.** Bei Ober-/Unterhitze die Backofentür etwa 6-mal während der Backzeit kurz öffnen, damit die Feuchtigkeit entweichen kann. Außerdem die Backbleche nach der Hälfte der Backzeit umsetzen.

8. Die Baisersteifen mit dem Backpapier auf Kuchenroste ziehen und erkalten lassen.

9. Die Backofentemperatur um 80 °C auf Ober-/Unterhitze: etwa 180 °C,
Heißluft: etwa 160 °C heraufschalten.

10. Den Knetteig auf der leicht bemehlten Arbeitsfläche etwa 2 mm dick ausrollen. Mit einem Messer etwa 32 Streifen (etwa 2 x 6 cm) ausschneiden. Die Streifen auf ein Backblech (mit Backpapier belegt) legen.

11. Das Backblech in den vorgeheizten Backofen schieben. Die Teigstreifen **etwa 7 Minuten backen.** Dann die Keksstreifen mit dem Backpapier auf einen Kuchenrost ziehen und darauf erkalten lassen.

12. Für die Füllung die Pflaumen fein hacken, mit dem kochenden Wasser in einem Rührbecher fein pürieren. Kokosfett in kleinen Stücken dazugeben und alles zu einer glatten Creme pürieren.

13. Die Pflaumenfüllung in einen Spritzbeutel mit Lochtülle (Ø 7 mm) füllen. Jeweils auf die Unterseite der Baiserstreifen etwas Füllung spritzen. Jeweils 2 Baiser und einen Keksstreifen damit zusammensetzen. Leicht andrücken und die Füllung fest werden lassen.

38 BISKUIT-RUM-TALER ETWA 25 STÜCK

PRO STÜCK: E: 2 g, F: 2 g, Kh: 12 g, kJ: 303, kcal: 72, BE: 1,0
ZUBEREITUNGSZEIT: 45 Minuten, ohne Kühlzeit
BACKZEIT: etwa 12 Minuten je Backblech
HALTBARKEIT: kühl gestellt etwa 2 Wochen in gut schließenden Dosen

BESCHWIPST

FÜR DEN BISKUITTEIG:
3 Eier (Größe M)
120 g Zucker
1 Prise Salz
1 EL Rum
150 g Weizenmehl
1 leicht geh. EL Kakaopulver

FÜR DIE FÜLLUNG:
100 g Nuss-Nougat

1. Den Backofen vorheizen.
Ober-/Unterhitze: etwa 180 °C
Heißluft: etwa 160 °C

2. Für den Biskuitteig die Eier in einer Rührschüssel mit einem Mixer (Rührstäbe) auf höchster Stufe in 1 Minute schaumig schlagen. Zucker und Salz in 1 Minute einstreuen, noch etwa 2 Minuten schlagen. Rum kurz unterrühren.

3. Mehl auf die Eiercreme geben und kurz auf niedrigster Stufe unterrühren. Von dem Teig 5 gehäufte Esslöffel abnehmen und mit dem Kakao verrühren. Den dunklen Kakaoteig in einen kleinen Gefrierbeutel füllen und eine kleine Ecke abschneiden.

4. Den hellen Teig ebenfalls in einen Gefrierbeutel oder einen Spritzbeutel mit großer Lochtülle füllen. Vom Gefrierbeutel eine kleine Ecke abschneiden. Den hellen Teig in 50 gleich großen Tupfen auf 2 Backbleche (mit Backpapier belegt) setzen, dabei genügend Abstand zwischen den Teigtupfen lassen. Den dunklen Kakaoteig spiralförmig auf die hellen Teigtupfen spritzen.

5. Die Backbleche nacheinander (bei Heißluft zusammen) in den vorgeheizten Backofen schieben. Die Taler **etwa 12 Minuten je Backblech backen.**

6. Die Biskuit-Rum-Taler mit dem Backpapier von den Backblechen auf Kuchenroste ziehen. Biskuit-Rum-Taler erkalten lassen.

7. Für die Füllung Nougat in einem kleinen Topf im Wasserbad bei schwacher Hitze unter Rühren schmelzen, in einen kleinen Gefrierbeutel füllen und eine kleine Ecke abschneiden. Die Hälfte der Biskuit-Rum-Taler auf der Unterseite mit der Nougatmasse bespritzen. Die restlichen Biskuit-Rum-Taler mit der Unterseite darauflegen und leicht andrücken. Nougat fest werden lassen.

Tipp: Der Rum kann durch kohlensäurehaltiges Mineralwasser ersetzt werden.

40 KOKOS-LIMETTEN-UFOS ETWA 50 STÜCK

SOMMERGENUSS

PRO STÜCK: E: 1 g, F: 3 g, Kh: 7 g, kJ: 248, kcal: 59, BE: 0,5
ZUBEREITUNGSZEIT: 150 Minuten, ohne Kühlzeit
BACKZEIT FÜR DIE KEKSE: etwa 25 Minuten je Backblech
HALTBARKEIT: kühl gestellt etwa 2 Wochen in gut schließenden Dosen

FÜR DEN KNETTEIG:
40 g Kokosfett (zimmerwarm)
30 g Zucker
1 Prise Salz
1 TL Dr. Oetker Bourbon-Vanille-Zucker
80 g Reismehl
50 g Kartoffelmehl (Kartoffelstärke)
1 Ei (Größe M)
1 Eigelb (Größe M)

ZUM BESTREUEN:
etwa 10 g gehackte Pistazienkerne

FÜR DIE MAKRONENMASSE:
1 Bio-Limette (unbehandelt, ungewachst)
50 g Kokosraspel
70 g Puderzucker
1 Eiweiß (Größe M)
1 Prise Salz

FÜR DIE FÜLLUNG:
100 g weiße Schokolade
1 Bio-Limette (unbehandelt, ungewachst)
2 EL Limettensaft (30 ml, von der Limette)
50 g Zucker
30 g Kokosfett (zimmerwarm)
20 g Puderzucker

1. Für den Knetteig Kokosfett mit Zucker, Salz und Vanille-Zucker in eine Rührschüssel geben und mit dem Mixer (Rührstäbe) cremig aufschlagen. Reis- und Kartoffelmehl mischen. Ei und Eigelb mit dem Mehlgemisch zur aufgeschlagenen Kokosfettmischung geben.

2. Die Zutaten mit einem Mixer (Knethaken) erst kurz auf niedrigster, dann auf höchster Stufe gut durcharbeiten. Dann auf einer leicht bemehlten Arbeitsfläche kurz zu einem Teig verkneten. (Den Teig nicht kalt stellen.)

3. Den Backofen vorheizen.
Ober-/Unterhitze: etwa 160 °C
Heißluft: etwa 140 °C

4. Den Teig auf der bemehlten Arbeitsfläche portionsweise etwa 2 mm dünn ausrollen. Mit einem quadratförmigen Ausstecher in Blattform (etwa 3 x 3 cm) etwa 100 Teigkekse ausstechen oder den Teig mit einem Messer in Quadrate schneiden. Die Teigquadrate auf 3 Backbleche (mit Backpapier belegt) legen.

5. Die Backbleche nacheinander (bei Heißluft zusammen) in den vorgeheizten Backofen schieben. Die Teigquadrate **etwa 10 Minuten je Backblech backen.**

6. Die Backbleche auf Kuchenroste stellen. Die Kekse auf den Backblechen erkalten lassen. Inzwischen zum Bestreuen die Pistazienkerne sehr fein hacken oder mahlen.

7. Für die Makronenmasse die Limette heiß abwaschen, abtrocknen und die Schale fein abreiben. Kokosraspel, Limettenschale und die Hälfte des Puderzuckers in einem Blitzhacker (Zerkleinerer) sehr fein hacken oder mahlen.

8. Den Backofen vorheizen.
Ober-/Unterhitze: etwa 120 °C
Heißluft: etwa 100 °C

9. Eiweiß mit Salz mit einem Mixer (Rührstäbe) auf höchster Stufe steif schlagen. Der Schnee muss so fest sein, dass ein Messerschnitt sichtbar bleibt. Restlichen Puderzucker kurz unterschlagen. Fein gehackte bzw. gemahlene Kokos-Limetten-Mischung unterheben.

10. Die Makronenmasse in einen Spritzbeutel mit Lochtülle (Ø 8 mm) füllen. Auf jeden Keks in die Mitte einen Tupfen Makronenmasse spritzen und mit gemahlenen Pistazien bestreuen.

11. Die Backbleche nacheinander (bei Heißluft zusammen) in den vorgeheizten Backofen schieben. Die Kekse mit den Makronentupfen **etwa 15 Minuten je Backblech backen.** Dann das Gebäck mit dem Backpapier auf Kuchenroste ziehen und erkalten lassen.

12. Für die Füllung die Schokolade in Stücke brechen und in einem Topf im Wasserbad bei schwacher Hitze unter Rühren schmelzen. Die geschmolzene Schokolade unter gelegentlichem Rühren abkühlen lassen.

13. Inzwischen die Limette heiß abwaschen, abtrocknen und Schale fein abreiben. Die Limette halbieren und auspressen. 2 Esslöffel Limettensaft davon abmessen und mit dem Zucker in einem kleinen Topf bei mittlerer Hitze aufkochen. Sobald sich der Zucker aufgelöst hat und dicke Blasen aufsteigen, den Topf von der Kochstelle nehmen und die Limettenschale dazugeben. Den Limettensirup (ergibt etwa 1 Esslöffel) unter Rühren etwas abkühlen lassen.

14. Das Kokosfett mit dem Puderzucker mit einem Mixer (Rührstäbe) schaumig rühren, nach und nach den Sirup unterrühren. Dann die abgekühlte Schokolade langsam unterrühren.

15. Die Füllung für etwa 20 Minuten in den Kühlschrank stellen, bis sie anfängt fest zu werden. Die Füllung in einen Spritzbeutel mit Lochtülle (Ø 8 mm) füllen. Die Hälfte der Kekse auf der Unterseite mit etwas von der Füllung bespritzen. Jeweils einen 2. Keks daraufsetzen. Die Füllung fest werden lassen.

42 MACARONS (TITELREZEPT) ETWA 45 STÜCK

PRO STÜCK: E: 1 g, F: 2 g, Kh: 5 g, kJ: 183, kcal: 44, BE: 0,5
ZUBEREITUNGSZEIT: 60 Minuten, ohne Abkühlzeit
TROCKEN- BZW. BACKZEITEN: 20–22 Minuten
HALTBARKEIT: kühl gestellt 1–2 Wochen in gut schließenden Dosen

KLEINE GLÜCKSMOMENTE

FÜR DIE MANDEL-BAISER-MASSE (REICHT JEWEILS FÜR EINE SORTE MACARONS):

120 g abgezogene, gem. Mandeln
2 Eiweiß (Größe M)
1 Prise Salz
160 g Puderzucker
einige Tropfen gelbe und rote Speisefarbe (Orangen-Macarons)
einige Tropfen rote Speisefarbe (Kirsch-Macarons)
1 gestr. TL Kakaopulver (Erdnuss-Macarons)
1 ½ EL Kakaopulver (Nuss-Nougat-Macarons)

FÜR DIE ORANGEN-MACARON-FÜLLUNG:

Schale und Saft von ½ Bio-Orange (unbehandelt, ungewachst)
50 g Butter (zimmerwarm)
50 g Puderzucker

ODER DIE KIRSCH-MACARON-FÜLLUNG:

50 g Sauerkirschgelee
50 g Butter (zimmerwarm)

ODER DIE ERDNUSS-MACARON-FÜLLUNG:

100 g Erdnussbutter, creamy

ODER DIE NUSS-NOUGAT-MACARON-FÜLLUNG:

100 g Nuss-Nougat-Creme

1. Für die Mandel-Baiser-Masse die Mandeln evtl. in einem Blitzhacker noch feiner mahlen.

2. Den Backofen vorheizen.
Heißluft: etwa 70 °C

3. Das Eiweiß mit Salz mit einem Mixer (Rührstäbe) auf höchster Stufe so steif schlagen, dass ein Messerschnitt sichtbar bleibt. Nach und nach Puderzucker unterschlagen. So lange schlagen, bis der Eischnee stark glänzt. Mandeln unterheben.

4. Je nachdem welche Macarons zubereitet werden, den Eischnee mit gelber und roter Speisefarbe, oder nur roter Speisefarbe oder mit der entsprechenden Menge gesiebtem Kakaopulver färben. Dafür die jeweiligen Zutaten vorsichtig unterheben.

5. Den Eischnee in einen Spritzbeutel mit Lochtülle (Ø 1–1 ½ cm) füllen und als Tupfen (Ø etwa 3 cm) auf Backbleche (gefettet, mit Backpapier belegt, dünn mit Butter bestrichen) spritzen. Dabei genügend Abstand zwischen den Tupfen lassen.

6. Die Backbleche zusammen in den vorgeheizten Backofen schieben. Die Macarons **etwa 12 Minuten trocknen.** Anschließend die Backofentemperatur um etwa 70 °C auf etwa 140 °C erhöhen. Die Macarons **weitere 8–10 Minuten backen.**

7. Die Backbleche auf Kuchenroste stellen. Die Macarons auf den Backblechen erkalten lassen.

8. Für die Füllung eine der folgenden Füllungen zubereiten. Für Orangen-Macarons Orangenschale, -saft, Butter und Puderzucker mit einem Mixer (Rührstäbe) auf höchster Stufe 3–4 Minuten schaumig schlagen. Für Kirsch-Macarons Gelee und Butter auf die gleiche Weise schaumig schlagen.

9. Die vorbereitete Füllung bzw. die Erdnussbutter oder die Nuss-Nougat-Creme in einen Gefrierbeutel geben und eine kleine Ecke abschneiden. Die Hälfte der Macarons auf der Unterseite mit etwas von der jeweiligen Füllung bespritzen. Restliche Macarons daraufsetzen.

Tipps: 80 g Puderzucker mit 1 ½ Esslöffeln Zitronensaft glatt rühren. Den Guss in einen Gefrierbeutel füllen, eine sehr kleine Ecke abschneiden. Die Macarons mit Punkten, Streifen und Kringeln bespritzen. Den Guss fest werden lassen. Macarons gelingen nur bei Heißluft optimal.

44 GEFÜLLTE MANDELZUNGEN ETWA 35 STÜCK

PRO STÜCK: E: 2 g, F: 4 g, Kh: 8 g, kJ: 320, kcal: 77, BE: 0,5
ZUBEREITUNGSZEIT: 60 Minuten, ohne Abkühlzeit
BACKZEIT: etwa 12 Minuten je Backblech
HALTBARKEIT: kühl gestellt etwa 2 Wochen in gut schließenden Dosen

... ZERGEHEN AUF DER ZUNGE

FÜR DIE MANDELMASSE:

3 Eiweiß (Größe M)
125 g Zucker
30 g Weizenmehl
5 g Kakaopulver
100 g nicht abgezogene, gem. Mandeln

FÜR DIE FÜLLUNG:

etwa 150 g dunkler Nuss-Nougat

FÜR DEN GUSS:

100 g Zartbitter-Schokolade
1 TL Sonnenblumenöl

---

1. Den Backofen vorheizen.
Ober-/Unterhitze: etwa 180 °C
Heißluft: etwa 160 °C

2. Für die Mandelmasse Eiweiß in einer Rührschüssel mit einem Mixer (Rührstäbe) so steif schlagen, dass ein Messerschnitt sichtbar bleibt. Nach und nach Zucker unterschlagen und so lange weiterschlagen, bis der Eischnee glänzt.

3. Mehl mit Kakao mischen, auf das steif geschlagene Eiweiß sieben. Mandeln daraufgeben und alles vorsichtig auf niedrigster Stufe unterheben.

4. Die Mandelmasse in einen Spritzbeutel mit Lochtülle (Ø 10 mm) füllen. Für jede Mandelzunge jeweils 2 dicht nebeneinander liegende Streifen (3–4 cm lang) auf 2 Backbleche (gefettet, mit Backpapier belegt) spritzen, dabei genügend Abstand zwischen den Mandelzungen lassen. Insgesamt sollen 70 Mandelzungen entstehen.

5. Die Backbleche nacheinander (bei Heißluft zusammen) in den vorgeheizten Backofen schieben. Die Mandelzungen **etwa 12 Minuten je Backblech backen.**

6. Die Mandelzungen mit dem Backpapier auf Kuchenroste ziehen und erkalten lassen.

7. Inzwischen für die Füllung Nuss-Nougat in einem kleinen Topf im Wasserbad bei schwacher Hitze unter Rühren schmelzen. Anschließend die Masse etwa 45 Minuten in den Kühlschrank stellen, bis der Nuss-Nougat beinahe fest ist.

8. Nuss-Nougat mit einem Mixer (Rührstäbe) cremig aufschlagen. Die Hälfte der Zungen auf der Unterseite damit bestreichen und mit den übrigen Zungen bedecken.

9. Für den Guss Schokolade in Stücke brechen, mit dem Sonnenblumenöl in einem Topf im Wasserbad bei schwacher Hitze unter Rühren schmelzen. Die gefüllten Mandelzungen mit den Enden hineintauchen und auf Backpapier trocknen lassen.

Tipp: Anstelle der Mandeln können auch gemahlene Haselnusskerne verwendet werden.

46 HIRSEKEKSE MIT APRIKOSENFÜLLUNG

ETWA 40 STÜCK

PRO STÜCK: E: 1 g, F: 3 g, Kh: 5 g, kJ: 229, kcal: 55, BE: 0,5
ZUBEREITUNGSZEIT: 50 Minuten, ohne Abkühl- und Trockenzeit
BACKZEIT: etwa 10 Minuten je Backblech
HALTBARKEIT: kühl gestellt etwa 3 Wochen in gut schließenden Dosen

FRUCHTIG & GLUTENFREI

FÜR DEN TEIG:

100 g Butter (zimmerwarm)

50 g brauner Zucker

1 Prise Salz

1 Ei (Größe M)

100 g Teffmehl aus Zwerghirse (erhältlich im Reformhaus oder Bio-Laden)

50 g gem. Mandeln

FÜR DIE APRIKOSENFÜLLUNG:

120 g getrocknete Soft-Aprikosen

40 g Marzipan-Rohmasse

2 EL Wasser

30 g Aprikosenkonfitüre

---

1. Den Backofen vorheizen.
Ober-/Unterhitze: etwa 180 °C
Heißluft: etwa 160 °C

2. Für den Teig Butter mit Zucker und Salz mit einem Mixer (Rührstäbe) auf mittlerer Stufe schaumig schlagen. Das Ei hinzufügen und kurz unterrühren.

3. Das Teffmehl mit den Mandeln mischen, auf die Butter-Ei-Masse geben und mit einem Kochlöffel unterheben.

4. Den Hirseteig in einen Spritzbeutel mit Lochtülle (Ø etwa 1 ½ cm) füllen und mit genügend Abstand flache Tupfen (Ø etwa 3 cm) auf Backbleche (gefettet, mit Backpapier belegt) spritzen.

5. Die Backbleche nacheinander (bei Heißluft zusammen) in den vorgeheizten Backofen schieben. Die Hirsekekse **etwa 10 Minuten je Backblech backen.**

6. Die Hirsekekse mit dem Backpapier von den Backblechen auf Kuchenroste ziehen und erkalten lassen.

7. Für die Füllung die Aprikosen in grobe Stücke hacken. Aprikosenstücke mit Marzipan, Wasser und Aprikosenkonfitüre in einem Blitzhacker (Zerkleinerer) fein pürieren.

8. Die Hälfte der Hirsekekse auf der Unterseite jeweils schön dick mit etwas von der Aprikosenfüllung bestreichen. Die restlichen Hirsekekse mit der Unterseite daraufsetzen und leicht andrücken. Die Aprikosenfüllung einige Stunden trocknen lassen.

Tipps: Zur Aufbewahrung trennen Sie die einzelnen Keksschichten mit jeweils einer Lage Backpapier. Für die Aprikosenfüllung können Sie das Wasser durch die gleiche Menge Rum ersetzen.

48 SESAMECKEN ETWA 36 STÜCK

PRO STÜCK: E: 1 g, F: 6 g, Kh: 9 g, kJ: 385, kcal: 92, BE: 0,5
ZUBEREITUNGSZEIT: 130 Minuten, ohne Kühlzeit
BACKZEIT: etwa 8 Minuten je Backblech
HALTBARKEIT: kühl gestellt etwa 2 Wochen in gut schließenden Dosen

KNUSPERGENUSS

FÜR DEN KNETTEIG:
180 g Weizenmehl
1 Msp. Dr. Oetker Backin
70 g brauner Zucker
1 gestr. TL Dr. Oetker Bourbon-Vanille-Zucker
1 Prise Salz
130 g Butter oder Margarine
1 Eigelb (Größe M)

ZUM BESTREICHEN:
1 Eiweiß (Größe M)
1 Prise Salz

ZUM BESTREUEN:
40 g geschälte Sesamsamen

FÜR DIE FÜLLUNG:
80 g Vollmilch-Kuvertüre
30 g kandierter Ingwer
40 g Zucker
20 g Butter
80 g Schlagsahne

---

1. Für den Teig Mehl mit Backpulver in einer Rührschüssel mischen. Zucker, Vanille-Zucker und Salz untermischen. Butter oder Margarine in kleine Stücke schneiden, zusammen mit dem Eigelb in die Rührschüssel geben. Die Zutaten mit einem Mixer (Knethaken) zunächst kurz auf niedrigster, dann auf höchster Stufe gut durcharbeiten.

2. Dann auf einer leicht bemehlten Arbeitsfläche kurz zu einem Teig verkneten. Den Teig in Frischhaltefolie gewickelt mindestens 2 Stunden in den Kühlschrank legen.

3. Den Backofen vorheizen.
Ober-/Unterhitze: etwa 180 °C
Heißluft: etwa 160 °C

4. Zum Bestreichen Eiweiß mit Salz verschlagen.

5. Den Teig portionsweise etwa 2 mm dünn ausrollen. Den Teig mit einem Messer zuerst in Quadrate (5 x 5 cm) schneiden, anschließend die Quadrate diagonal halbieren (ergibt etwa 108 Teigdreiecke) und auf 3 Backbleche (mit Backpapier belegt) legen.

6. Nacheinander jeweils 4–5 Teigdreiecke mit Eiweiß bestreichen und sofort mit etwas Sesam bestreuen (immer nur wenige Teigquadrate mit Eiweiß bestreichen und mit Sesam bestreuen, damit das Eiweiß nicht zu schnell trocknet und der Sesam noch haften bleibt).

7. Die Backbleche nacheinander (bei Heißluft zusammen) in den vorgeheizten Backofen schieben. Die Teigdreiecke **etwa 8 Minuten je Backblech backen.**

8. Die Kekse mit dem Backpapier auf Kuchenroste ziehen und erkalten lassen.

9. Für die Füllung die Kuvertüre hacken und in eine Schüssel geben. Ingwer im Blitzhacker (Zerkleinerer) sehr fein hacken.

10. Zucker in einem Topf bei mittlerer Hitze hellbraun karamellisieren. Den Topf von der Kochstelle nehmen. Nacheinander Butter und Sahne mit einem Kochlöffel unterrühren (Achtung: Es könnte spritzen!). Die Masse unter Rühren kurz aufkochen, dann 3 Minuten unter Rühren abkühlen lassen.

11. Die Masse auf die gehackte Schokolade geben und 1 Minute stehen lassen. Den gehackten Ingwer dazugeben und alles mit einem Kochlöffel glatt rühren. Die Füllung etwa 30 Minuten in den Kühlschrank stellen.

12. Die Schoko-Ingwer-Füllung mit dem Mixer (Rührstäbe) kurz aufschlagen und in einen Spritzbeutel mit Lochtülle (Ø 8 mm) füllen.

13. Von den Sesamkeksen 36 Stück beiseitelegen. Auf die Sesamseite der restlichen 72 Kekse jeweils 3 Tupfen der Füllung spritzen, jeweils 2 Kekse mit Füllung aufeinanderlegen und andrücken. Jeweils einen der beiseitegelegten Sesamkekse mit der Sesamseite nach oben darauflegen und leicht andrücken. Die Schoko-Ingwer-Füllung fest werden lassen.

50 DOPPELTER ESPRESSOKEKS ETWA 20 STÜCK

PRO STÜCK: E: 1 g, F: 4 g, Kh: 9 g, kJ: 318, kcal: 76, BE: 1,0
ZUBEREITUNGSZEIT: 50 Minuten, ohne Abkühlzeit
BACKZEIT: etwa 12 Minuten je Backblech
HALTBARKEIT: kühl gestellt etwa 2 Wochen in gut schließenden Dosen

RAFFINIERT – MIT SCHWIPS

FÜR DEN BISKUITTEIG:

1 Ei (Größe M)
1 Eigelb (Größe M)
50 g Zucker
2 Pck. Dr. Oetker Vanillin-Zucker
2 TL Instant-Espressopulver
50 g Weizenmehl
20 g Speisestärke

ZUM BESTÄUBEN:

Instant-Espressopulver

FÜR DIE FÜLLUNG:

100 g weiße Schokolade
30 g Kokosfett
2–3 TL Kirschwasser

---

1. Den Backofen vorheizen.
Ober-/Unterhitze: etwa 180 °C
Heißluft: etwa 160 °C

2. Für den Teig Ei und Eigelb mit einem Mixer (Rührstäbe) auf höchster Stufe in 1 Minute schaumig schlagen. Zucker mit Vanillin-Zucker und Espressopulver mischen, in 1 Minute einstreuen und noch etwa 2 Minuten schlagen. Mehl mit Speisestärke mischen, auf die Eiercreme geben und kurz auf niedrigster Stufe unterrühren.

3. Den Teig in einen Spritzbeutel mit großer Lochtülle füllen. 40 gleich große Tupfen auf 2 Backbleche (mit Backpapier belegt) setzen, dabei genügend Abstand zwischen den Teigtupfen lassen. Etwas Espressopulver in ein feines Sieb geben und die Teighäufchen damit bestäuben.

4. Die Backbleche nacheinander (bei Heißluft zusammen) in den vorgeheizten Backofen schieben. Die Biskuitkekse **etwa 12 Minuten je Backblech backen.**

5. Das Gebäck mit dem Backpapier von den Backblechen auf Kuchenroste ziehen und erkalten lassen.

6. Für die Füllung Schokolade in Stücke brechen, mit Kokosfett und Kirschwasser in einem kleinen Topf im Wasserbad bei schwacher Hitze unter Rühren schmelzen (nicht zu heiß, die Masse gerinnt sonst!). Die Füllung etwas abkühlen lassen.

7. Die Schokoladenmasse mit einem Mixer (Rührstäbe) kurz aufschlagen. Jeweils 2 Biskuitkekse mit etwas Schokoladencreme bestreichen und zusammensetzen.

Tipps: Wer keinen Alkohol verwenden möchte, kann diesen ersatzlos streichen. Haben Sie keinen Spritzbeutel zur Hand, dann können die den Teig auch mithilfe von Teelöffeln in Häufchen auf die Backbleche setzen.

52 SCHOKOBÄRENTATZEN ETWA 40 STÜCK

PRO STÜCK: E: 1 g, F: 5 g, Kh: 9 g, kJ: 351, kcal: 84, BE: 0,5
ZUBEREITUNGSZEIT: 60 Minuten, ohne Abkühlzeit
BACKZEIT: etwa 10 Minuten je Backblech
HALTBARKEIT: kühl gestellt etwa 2 Wochen in gut schließenden Dosen

... UND DAZU EINEN CAPPUCCINO

FÜR DEN TEIG:
150 g Butter (zimmerwarm)
80 g Puderzucker
1 Prise Salz
1 Ei (Größe M)
260 g Weizenmehl
20 g gesiebtes Kakaopulver

FÜR DIE FÜLLUNG:
120 g Pfefferminztaler
50 g Butter

---

1. Den Backofen vorheizen.
Ober-/Unterhitze: etwa 190 °C
Heißluft: etwa 170 °C

2. Für den Teig Butter mit Puderzucker, Salz und Ei mit einem Mixer (Rührstäbe) zunächst kurz auf niedrigster, dann auf höchster Stufe in etwa 4 Minuten schaumig schlagen.

3. Das Mehl mit dem Kakao mischen und mit einem Teigschaber unterheben. Dabei die Mischung so kurz wie möglich unterheben, damit der Teig nicht zäh wird.

4. Den Teig in einen Spritzbeutel mit Sterntülle (Ø etwa 1 ½ cm) füllen und als Bärentatzen auf Backbleche (gefettet, mit Backpapier belegt) spritzen. Dabei genügend Abstand zwischen den Bärentatzen lassen.

5. Die Backbleche nacheinander (bei Heißluft zusammen) in den vorgeheizten Backofen schieben. Die Bärentatzen **etwa 10 Minuten je Backblech backen.**

6. Die Bärentatzen mit dem Backpapier von den Backblechen auf Kuchenroste ziehen und erkalten lassen.

7. Für die Füllung die Pfefferminztaler in sehr kleine Stücke schneiden und in eine Rührschüssel geben. Die Butter hinzufügen. Die Pfefferminzbutter mit einem Mixer (Rührstäbe) zunächst kurz auf niedrigster, dann auf höchster Stufe schaumig schlagen.

8. Die Hälfte der Bärentatzen auf der Unterseite mit etwas Pfefferminzbutter bestreichen. Die restlichen Bärentatzen daraufsetzen und leicht andrücken.

54 WALNUSSMAKRONEN MIT TRÜFFELFÜLLUNG ETWA 40 STÜCK

PRO STÜCK: E: 2 g, F: 5 g, Kh: 7 g, kJ: 341, kcal: 81, BE: 0,5
ZUBEREITUNGSZEIT: 60 Minuten, ohne Kühlzeit
BACKZEIT: etwa 25 Minuten je Backblech
HALTBARKEIT: kühl gestellt etwa 1 Woche in gut schließenden Dosen

MIT ALKOHOL UND NUSS

FÜR DIE MAKRONENMASSE:

3 Eiweiß (Größe M)
1 Prise Salz
150 g Zucker
50 g Weizenmehl
200 g gem. Walnusskerne

FÜR DIE TRÜFFELMASSE:

130 g weiße Kuvertüre
30 g Schlagsahne (mind. 30 % Fett)
1–2 EL Apricot Brandy

ZUM BESTREUEN:

20 g fein gehackte Pistazienkerne

---

1. Den Backofen vorheizen.
Ober-/Unterhitze: etwa 140 °C
Heißluft: etwa 120 °C

2. Für die Makronenmasse Eiweiß und Salz mit einem Mixer (Rührstäbe) auf höchster Stufe steif schlagen. Der Schnee muss so fest sein, dass ein Messerschnitt sichtbar bleibt. Zucker nach und nach unterschlagen, so lange weiterschlagen, bis der Eischnee glänzt.

3. Mehl mit den Walnusskernen mischen und vorsichtig unterheben. Die Masse in einen Spritzbeutel mit Lochtülle (Ø 10 mm) füllen und 80 Tupfen (Ø etwa 3 cm) auf 2 Backbleche (gefettet, mit Backpapier belegt) spritzen.

4. Die Backbleche nacheinander (bei Heißluft zusammen) in den vorgeheizten Backofen schieben. Die Walnussmakronen **etwa 25 Minuten je Backblech backen.**

5. Die Walnussmakronen mit dem Backpapier auf Kuchenroste ziehen und erkalten lassen.

6. Inzwischen für die Trüffelmasse die Kuvertüre in Stücke hacken und mit der Sahne in einem Topf im heißen Wasserbad bei schwacher Hitze zu einer geschmeidigen Masse verrühren. Apricot Brandy unterrühren. Den Topf aus dem Wasserbad nehmen. Die Masse in einen hohen Rührbecher füllen, erkalten lassen und etwa 1 Stunde in den Kühlschrank stellen.

7. Die erkaltete Trüffelmasse mit einem Mixer (Rührstäbe) gut cremig rühren. Die Masse in einen Spritzbeutel mit Lochtülle (Ø 10 mm) füllen. Jeweils auf die Unterseite einer Makrone einen Tupfen Trüffelmasse spritzen, eine 2. Makrone mit der Unterseite daraufsetzen und den Rand mit Pistazien bestreuen.

Tipp: Durch die Füllung werden die Makronen schnell weich. Deshalb die Walnussmakronen in einer gut schließenden Dose an einem kühlen Ort aufbewahren und bald genießen.

56 ZITRONEN-BAISER-RINGE ETWA 40 STÜCK

PRO STÜCK: E: 1 g, F: 3 g, Kh: 10 g, kJ: 275, kcal: 66, BE: 1,0
ZUBEREITUNGSZEIT: 120 Minuten, ohne Kühlzeit
TROCKENZEIT FÜR DIE BAISERRINGE: etwa 60 Minuten
BACKZEIT FÜR DIE SCHOKO-KEKS-RINGE: etwa 10 Minuten
HALTBARKEIT: etwa 2 Wochen in gut schließenden Dosen

MIT SCHOKOKEKS

ZUM VORBEREITEN:

1 Bio-Zitrone (unbehandelt, ungewachst)

FÜR DAS BAISER:

2 Eiweiß (Größe M)
100 g Zucker
70 g Puderzucker
10 g Kartoffelmehl (Kartoffelstärke)

FÜR DEN KNETTEIG:

80 g Weizenmehl
40 g Puderzucker
10 g Kakaopulver
1 Prise Salz
60 g Butter oder Margarine

FÜR DIE FÜLLUNG:

130 g Vollmilch-Kuvertüre
1 Pck. Dr. Oetker Finesse Geriebene Zitronenschale
1 EL Zucker (10 g)
1 gestr. EL Honig (15 g)
1 TL Kokosfett (5 g)

---

1. Zum Vorbereiten die Zitrone heiß abwaschen, abtrocknen und für das Baiser die Schale fein abreiben. Die Zitrone halbieren und eine Hälfte auspressen. Vom Zitronensaft 1 Teelöffel für das Baiser und 1 Esslöffel für die Füllung beiseitestellen.

2. Für das Baiser Eiweiß mit dem abgemessenen Teelöffel Zitronensaft mit einem Mixer (Rührstäbe) auf höchster Stufe steif schlagen. Nach und nach den Zucker einrieseln lassen, dabei so lange weiterschlagen, bis sich der Zucker aufgelöst hat und der Eischnee stark glänzt. Puderzucker, Kartoffelmehl und abgeriebene Zitronenschale mischen, kurz auf niedrigster Stufe unterrühren.

3. Den Backofen vorheizen.
Ober-/Unterhitze: etwa 100 °C
Heißluft: etwa 80 °C

4. Die Baisermasse in einen Spritzbeutel mit Lochtülle (Ø 7–8 mm) füllen und 80 Ringe (Ø 4 cm) auf 2–3 Backbleche (mit Backpapier belegt) spritzen. Die Backbleche in den vorgeheizten Backofen schieben. Baiserringe **etwa 60 Minuten trocknen.** Bei Ober-/Unterhitze die Backofentür etwa 6-mal während der Backzeit kurz öffnen, damit die Feuchtigkeit entweichen kann. Außerdem die Backbleche nach der Hälfte der Backzeit umsetzen.

5. In der Zwischenzeit für den Knetteig Mehl mit Puderzucker, Kakao und Salz in einer Rührschüssel vermischen. Butter oder Margarine in kleinen Stücken hinzufügen. Die Zutaten mit einem Mixer (Knethaken) erst kurz auf niedrigster, dann auf höchster Stufe gut durcharbeiten. Anschließend auf einer leicht bemehlten Arbeitsfläche kurz zu einem Teig verkneten. Den Teig in Frischhaltefolie gewickelt etwa 1 Stunde in den Kühlschrank stellen.

6. Die Baiserringe mit dem Backpapier auf Kuchenroste ziehen und erkalten lassen.

7. Die Backofentemperatur um 80 °C auf Ober-/Unterhitze: etwa 180 °C, Heißluft: etwa 160 °C heraufschalten.

8. Den Knetteig portionsweise auf der leicht bemehlten Arbeitsfläche etwa 2 mm dick ausrollen. Mit einem außen gewellten Ringausstecher (Ø außen 5 ½ cm, Ø innen 2 ½ cm) 40 Ringe ausstechen und auf 1–2 Backbleche (mit Backpapier belegte) legen. Die Backbleche nacheinander (bei Heißluft zusammen) in den vorgeheizten Backofen schieben. Keksringe **etwa 10 Minuten backen.**

9. Die Keksringe mit dem Backpapier auf Kuchenroste ziehen und erkalten lassen.

10. Für die Füllung Kuvertüre fein hacken. Zitronenschale mit Zucker im Mörser fein zerstoßen, zusammen mit dem beiseitegestellten Esslöffel Zitronensaft und dem Honig in einem kleinen Topf aufkochen. Die Flüssigkeit unter gelegentlichem Rühren verdampfen lassen. Topf von der Kochstelle nehmen, Kokosfett und Kuvertüre nach und nach dazugeben, mit einem Kochlöffel glatt rühren.

11. Die Füllung in einen Gefrierbeutel füllen, eine kleine Ecke abschneiden. Die Füllung jeweils auf die Unterseite der Baiserringe spritzen. An beide Seiten der Schoko-Keks-Ringe jeweils einen Baiserring kleben. Die Füllung fest werden lassen.

Tipp: Damit die Baiserringe gleich groß werden, auf die Backpapierbögen mit einem Bleistift 80 Ringe (Ø 4 cm) zeichnen. Das geht gut mit einem runden Ausstecher.

58 LIMETTEN-DOPPELDECKER ETWA 25 STÜCK

PRO STÜCK: E: 1 g, F: 4 g, Kh: 11 g, kJ: 364, kcal: 87, BE: 1,0
ZUBEREITUNGSZEIT: 50 Minuten, ohne Abkühlzeit
BACKZEIT: 12–15 Minuten je Backblech
HALTBARKEIT: kühl gestellt etwa 2 Wochen in gut schließenden Dosen

FRUCHTIG, KNACKIG UND DOCH ZART

ZUM VORBEREITEN:
1 Bio-Limette (unbehandelt, ungewachst)

FÜR DEN BISKUITTEIG:
2 Eier (Größe M)
100 g Zucker
1 Pck. Dr. Oetker Vanillin-Zucker
80 g Weizenmehl
20 g Speisestärke
½ gestr. TL Dr. Oetker Backin

FÜR DIE FÜLLUNG:
100 g weiße Schokolade
80 g geröstete, gesalzene Macadamianusskerne
80 g Wildpreiselbeeren (aus dem Glas)

1. Zum Vorbereiten Limette heiß abwaschen, abtrocknen und für den Teig die Schale auf einer Haushaltsreibe fein abreiben. Limette halbieren, auspressen und 1 Esslöffel von dem Saft für den Teig abmessen.

2. Den Backofen vorheizen.
Ober-/Unterhitze: etwa 200 °C
Heißluft: etwa 180 °C

3. Für den Teig Eier mit Limettensaft mit einem Mixer (Rührstäbe) auf höchster Stufe in 1 Minute schaumig schlagen. Zucker und Vanillin-Zucker mischen, in 1 Minute einstreuen und noch etwa 2 Minuten schlagen. Mehl mit Speisestärke und Backpulver mischen, auf die Eiercreme geben und mit der Limettenschale kurz auf niedrigster Stufe unterrühren.

4. Den Teig in einen Spritzbeutel mit großer Lochtülle füllen. 50 Tupfen auf 2 Backbleche (mit Backpapier belegt) spritzen, dabei genügend Abstand zwischen den Teigtupfen lassen (der Teig läuft etwas auseinander).

5. Die Backbleche nacheinander (bei Heißluft zusammen) in den vorgeheizten Backofen schieben. Die Kekse **12–15 Minuten je Backblech backen.**

6. Die Kekse mit dem Backpapier von den Backblechen auf Kuchenroste ziehen und erkalten lassen.

7. Für die Füllung Schokolade und Nusskerne mit einem Messer sehr fein hacken. Preiselbeeren in einem Topf kräftig aufkochen, in eine Schüssel geben und Nuss- und Schokoladenstücke sofort unterrühren. Die Hälfte der Kekse sofort mit der Preiselbeer-Schokoladen-Masse bestreichen, mit je einem Keks belegen und andrücken. Die Füllung trocknen lassen.

Tipp: Das Gebäck mit Puderzucker verzieren. Dafür die Kekse nebeneinander auf die Arbeitsfläche legen und einen Kuchenrost darauflegen. Die Kekse dick mit Puderzucker bestäuben, Rost vorsichtig abnehmen.

60 BANANENPÄCKCHEN ETWA 20 STÜCK

PRO STÜCK: E: 1 g, F: 3 g, Kh: 18 g, kJ: 413, kcal: 99, BE: 1,5
ZUBEREITUNGSZEIT: 90 Minuten, ohne Kühlzeit
BACKZEIT: etwa 10 Minuten je Backblech
HALTBARKEIT: kühl gestellt etwa 1 Woche in gut schließenden Dosen

BANANE MAL ANDERS

ZUM VORBEREITEN:
1 reife Banane (120 g)
1 TL Zitronensaft

FÜR DEN BISKUITTEIG:
2 Eier (Größe M)
80 g Zucker
1 Prise Salz
60 g Weizenmehl
40 g Kartoffelmehl (Kartoffelstärke)

FÜR DIE 1. FÜLLUNG:
80 g Vollmilch-Kuvertüre
10 g Kokosfett
70 g Geleebananen mit Schokohülle

FÜR DIE 2. FÜLLUNG:
100 g rotes Johannisbeergelee

AUSSERDEM:
etwa 15 g Zuckerperlen

---

1. Die Banane schälen, in Stücke brechen, mit Zitronensaft in einen Rührbecher geben und pürieren.

2. Den Backofen vorheizen.
Ober-/Unterhitze: etwa 180 °C
Heißluft: etwa 160 °C

3. Für den Biskuitteig die Eier in einer Rührschüssel mit einem Mixer (Rührstäbe) auf höchster Stufe in 1 Minute schaumig schlagen. Zucker und Salz in 1 Minute einstreuen und noch etwa 2 Minuten schlagen. Bananenpüree kurz unterrühren.

4. Mehl und Kartoffelmehl mischen, auf die Eiercreme geben und kurz auf niedrigster Stufe unterrühren. Den Teig in einen Spritzbeutel mit Lochtülle (Ø 8 mm) füllen.

5. Für jeden Keksstreifen jeweils 3 schmale Streifen Teig (6 cm lang) dicht nebeneinander auf 2–3 Backbleche (mit Backpapier belegt) spritzen. Insgesamt sollen 60 Kekse aufgespritzt werden.

6. Die Backbleche nacheinander (bei Heißluft zusammen) in den vorgeheizten Backofen schieben. Die Biskuitstreifen **etwa 10 Minuten je Backblech backen.**

7. Die Gebäckstreifen mit dem Backpapier auf Kuchenroste ziehen und erkalten lassen.

8. Für die 1. Füllung die Kuvertüre in kleine Stücke hacken und mit dem Kokosfett in einem Topf im Wasserbad bei schwacher Hitze schmelzen. Die Kuvertüre etwas abkühlen lassen, bis sie zäh fließend ist. Die Geleebananen fein hacken, unter die abgekühlte Kuvertüre rühren und kurz mit einem Pürierstab pürieren.

9. Die Masse in einen Gefrierbeutel füllen und eine Ecke abschneiden. Die Masse auf die Oberseite von 20 Biskuitkeksstreifen spritzen. Jeweils einen der restlichen Biskuitstreifen darauflegen und leicht andrücken.

10. Für die 2. Füllung das Johannisbeergelee unter Rühren kräftig aufkochen. Den Topf von der Kochstelle nehmen und das Gelee unter Rühren abkühlen lassen, bis es etwas fester ist. Das Gelee in einen Gefrierbeutel füllen und eine kleine Ecke abschneiden.

11. Zum Garnieren auf die Enden der restlichen 20 Biskuitstreifen jeweils quer einen dünnen Streifen Gelee spritzen und mit den Zuckerperlen bestreuen. Die Zuckerperlen leicht andrücken.

12. Das restliche Johannisbeergelee auf die gestapelten Biskuitstreifen spritzen. Die garnierten Keksstreifen darauflegen und leicht andrücken. Die Füllungen fest werden lassen.

62 BLAUBLÜTIGE HERZEN ETWA 30 STÜCK

PRO STÜCK: E: 1 g, F: 5 g, Kh: 9 g, kJ: 376, kcal: 90, BE: 1,0
ZUBEREITUNGSZEIT: 120 Minuten, ohne Kühlzeit
BACKZEIT: etwa 10 Minuten je Backblech
HALTBARKEIT: kühl gestellt etwa 2 Wochen in gut schließenden Dosen

GEFÜLLTE HERZLICHKEIT

FÜR DEN KNETTEIG:

180 g Weizenmehl
1 Msp. Dr. Oetker Backin
60 g Puderzucker
1 Prise Salz
1 TL Dr. Oetker Vanillin-Zucker
100 g Butter oder Margarine
1 Eigelb (Größe M)

ZUM BESTREICHEN UND BESTREUEN:

1 Eiweiß (Größe M)
1 EL getrocknete Blütenblätter (z. B. blaue Kornblumenblätter oder provenzalische Wildblüten)

FÜR DIE FÜLLUNG:

30 g Honig
50 g Schlagsahne
30 g Zucker
20 g Butter
15 g gem. Blaumohn (Dampfmohn)
20 g Zitronat
30 g Kokosfett

1. Für den Knetteig Mehl mit Backpulver in einer Rührschüssel vermischen. Puderzucker, Salz und Vanillin-Zucker hinzugeben und untermischen. Butter oder Margarine in kleine Stücke schneiden, zusammen mit dem Eigelb in die Rührschüssel geben.

2. Die Zutaten mit einem Mixer (Knethaken) zunächst kurz auf niedrigster, dann auf höchster Stufe gut durcharbeiten. Anschließend auf einer leicht bemehlten Arbeitsfläche kurz zu einem Teig verkneten. Den Teig in Frischhaltefolie gewickelt mindestens 1 Stunde in den Kühlschrank legen.

3. Den Backofen vorheizen.
Ober-/Unterhitze: etwa 160 °C
Heißluft: etwa 140 °C

4. Den Teig portionsweise auf der bemehlten Arbeitsfläche etwa 2 mm dick ausrollen. Insgesamt 90 Herzen mit einem Herzausstecher (Ø etwa 5 cm) ausstechen. Die Herzen auf 3 Backbleche (mit Backpapier belegt) legen.

5. Zum Bestreichen das Eiweiß mit einem Schneebesen verschlagen. 30 der Herzen dünn mit Eiweiß bestreichen und sofort mit den Blütenblättern bestreuen.

6. Die Backbleche nacheinander (bei Heißluft zusammen nur die Herzen ohne Blüten backen, Heißluft ist für die Herzen mit Blüten nicht geeignet) in den vorgeheizten Backofen schieben. Die Teigherzen **etwa 10 Minuten je Backblech backen.**

7. Die Keksherzen jeweils mit dem Backpapier auf Kuchenroste ziehen und erkalten lassen.

8. Für die Füllung Honig, Sahne, Zucker, Butter und Mohn in einem kleinen Topf aufkochen, anschließend unter Rühren mit einem Kochlöffel 3 Minuten bei mittlerer Hitze offen kochen lassen, bis die Masse leicht anzieht. Den Topf von der Kochstelle nehmen, weiterrühren, bis die Masse etwas abgekühlt ist. Die Mohnmasse für etwa 20 Minuten in den Kühlschrank stellen.

9. Inzwischen das Zitronat sehr fein hacken. Kokosfett mit dem Mixer (Rührstäbe) kurz aufschlagen.

10. Die Mohnmasse esslöffelweise mit dem Mixer (Rührstäbe) unter das Kokosfett rühren. Zitronat unterrühren. Die Füllung in einen Spritzbeutel mit Lochtülle (Ø 7 mm) füllen. Jeweils ein „V" auf die Herzen ohne Blüten spritzen.

11. Jeweils 2 Herzen mit Füllung und 1 Blütenherz aufeinanderlegen und leicht andrücken. Die Füllung fest werden lassen.

Tipp: Die getrockneten, essbaren Blütenblätter erhalten Sie in Bio- oder Reformläden oder im Internet-Versandhandel. Sie schmecken herb-würzig. Diese Blütenblätter gibt es in unterschiedlichen Mischungen, Geschmacksrichtungen oder nach Sorten sortiert. Alternativ können Sie den Teig auch mit Hagelzucker, gehackten Mandeln oder gehobelten Nüssen bestreuen.

64 MINI-SCHOKO-WÜRFEL ETWA 27 STÜCK

PRO STÜCK: E: 2 g, F: 7 g, Kh: 12 g, kJ: 502, kcal: 120, BE: 1,0
ZUBEREITUNGSZEIT: 45 Minuten, ohne Kühlzeit
BACKZEIT: etwa 20 Minuten
HALTBARKEIT: kühl gestellt etwa 1 Woche in gut schließenden Dosen

... PERFEKT ZUM ESPRESSO

FÜR DEN ALL-IN-TEIG :

30 g Weizenmehl
10 g Speisestärke
30 g Puderzucker
1 TL Dr. Oetker Vanillin-Zucker
1 Prise Salz
1 Eigelb (Größe M)
20 g Butter oder Margarine
1 EL kaltes Wasser

FÜR BEIDE FÜLLUNGEN:

80 g gehobelte Mandeln

FÜR DIE 1. FÜLLUNG:

80 g Zartbitter-Schokolade
50 g Butter
60 g Zucker
20 g Honig
180 g Kondensmilch (4 % Fett)

FÜR DIE 2. FÜLLUNG:

30 g getrocknete Sauerkirschen
40 g Amarettini (ital. Mandelmakronen)
1 EL kaltes Wasser
120 g weiße Schokolade
10 g Kokosfett

1. Den Backofen vorheizen.
Ober-/Unterhitze: etwa 180 °C
Heißluft: etwa 160 °C

2. Für den All-in-Teig das Mehl mit der Speisestärke in einer Rührschüssel mischen. Restliche Zutaten hinzufügen und mit einem Mixer (Rührstäbe) zunächst kurz auf niedrigster, dann auf höchster Stufe in etwa 1 Minute zu einem glatten Teig verarbeiten.

3. Den Teig in eine Kastenform (25 x 11 cm, mit Backpapier ausgelegt) füllen und glatt streichen. Die Form auf dem Rost in den vorgeheizten Backofen schieben. Den Teig **etwa 20 Minuten backen.**

4. Die Form auf einen Kuchenrost stellen. Das Gebäck in der Form erkalten lassen.

5. Für beide Füllungen die Mandeln in einer Pfanne ohne Fett unter Rühren goldbraun rösten und auf einen Teller geben.

6. Für die 1. Füllung die Schokolade in kleine Stücke hacken und in eine Schüssel geben. Butter, Zucker, Honig und Kondensmilch in einem kleinen Topf unter Rühren aufkochen. Anschließend bei mittlerer Hitze etwa 12 Minuten unter Rühren kochen lassen, bis sich die Masse braun verfärbt und anfängt dick zu werden. Den Topf von der Kochstelle nehmen. Die Masse unter Rühren etwa 1 Minute abkühlen lassen.

7. Die Masse auf die gehackte Schokolade geben und 1 Minute stehen lassen. Die Hälfte der gerösteten Mandeln dazugeben und alles mit einem Kochlöffel verrühren. Die Füllung auf das Gebäck in die Form geben und glatt streichen. Abkühlen lassen.

8. Inzwischen für die 2. Füllung die Sauerkirschen grob hacken, mit Amarettini und Wasser im Blitzhacker (Zerkleinerer) zu einer Bröselmasse verarbeiten.

9. Die Schokolade in Stücke brechen, mit dem Kokosfett in einem Topf im Wasserbad bei schwacher Hitze unter Rühren schmelzen. 2 Esslöffel der Schokolade in einen Gefrierbeutel füllen und beiseitestellen.

10. Restliche Schokolade mit den Amarettini-Kirsch-Bröseln und den restlichen gerösteten Mandeln mischen, in die Kastenform füllen und glatt streichen. Die Kastenform zudecken und die Form etwa 10 Minuten in den Kühlschrank stellen.

11. Von dem beiseitegelegten Gefrierbeutel mit der Schokolade eine kleine Ecke abschneiden. Die Schokolade in Linien kreuzweise auf die 2. Füllung träufeln. Die Schokolade fest werden lassen.

12. Das Gebäck mit dem Backpapier aus der Form heben und mit einem Sägemesser quer in 9 Streifen schneiden, die 9 Streifen in je 3 Würfel schneiden.

66 TANNENBÄUMCHEN ETWA 24 STÜCK

PRO STÜCK: E: 1 g, F: 8 g, Kh: 15 g, kJ: 601, kcal: 144, BE: 1,5
ZUBEREITUNGSZEIT: 90 Minuten, ohne Kühlzeit
BACKZEIT: 5–7 Minuten je Backblech
HALTBARKEIT: kühl gestellt etwa 2 Wochen in gut schließenden Dosen

WEIHNACHTLICH

FÜR DEN KNETTEIG:
200 g Weizenmehl
80 g Puderzucker
1 Prise Salz
½ **Pck.** Dr. Oetker Finesse Orangenschalen-Aroma
150 g Butter oder Margarine
1 Eigelb (Größe M)
1 EL kaltes Wasser

FÜR DIE FÜLLUNG:
2 Zweige Rosmarin
150 g weiße Schokolade
30 g Blütenhonig
25 g Kokosfett
grünes Speisefarbenpulver

ZUM GARNIEREN:
24 grüne Zuckerperlen (metallic)

---

1. Für den Knetteig Mehl mit Puderzucker, Salz und Aroma in einer Rührschüssel mischen. Butter oder Margarine in kleine Stücke schneiden, zusammen mit dem Eigelb und dem Wasser in die Rührschüssel geben.

2. Die Zutaten mit einem Mixer (Knethaken) zunächst kurz auf niedrigster, dann auf höchster Stufe gut durcharbeiten. Anschließend auf einer leicht bemehlten Arbeitsfläche kurz zu einem Teig verkneten. Den Knetteig in Frischhaltefolie gewickelt etwa 1 Stunde in den Kühlschrank legen.

3. Den Backofen vorheizen.
Ober-/Unterhitze: etwa 180 °C
Heißluft: etwa 160 °C

4. Den Teig portionsweise auf der bemehlten Arbeitsfläche etwa 2 mm dick ausrollen. Jeweils 24 Sterne mit einem Durchmesser von je 7 cm, 6 cm, 5 cm, 4 cm und 3 cm ausstechen. Die Sterne auf Backbleche (mit Backpapier belegt) legen. Dabei jeweils gleich große Sterne auf ein Backblech legen.

5. Die Backbleche auf Grund der unterschiedlichen Backzeiten nacheinander in den vorgeheizten Backofen schieben. Die größeren Sterne (Ø 7 cm und 6 cm) **etwa 7 Minuten,** die kleineren Sterne (Ø 5 cm, 4 cm und 3 cm) **5–6 Minuten backen.**

6. Die Sterne mit dem Backpapier auf Kuchenroste ziehen und erkalten lassen.

7. Für die Füllung Rosmarin abspülen, trocken tupfen, die Nadeln abzupfen und sehr fein hacken. Schokolade fein hacken. Honig und gehackten Rosmarin in einem kleinen Topf aufkochen. Das Kokosfett unterrühren. Den Topf von der Kochstelle nehmen, die Masse mit Speisefarbe grün färben. Nach und nach die gehackte Schokolade mit einem Kochlöffel unterrühren und schmelzen lassen.

8. Die Füllung in einen Gefrierbeutel füllen, eine Ecke abschneiden. Jeweils 5 unterschiedlich große Sterne mit der Füllung zu einem Tannenbäumchen zusammensetzen. Zum Schluss auf jedes Tannenbäumchen einen kleinen Tupfen Füllung spritzen und mit einer Zuckerperle garnieren. Die restliche Füllung nach Belieben kreisförmig auf die Tannenbäumchen spritzen. Die Füllung fest werden lassen.

Tipp: Die Zuckerperlen finden Sie in Fachgeschäften für Back- oder Kochartikel oder im Internet-Versandhandel.

68 SEKTTROPFEN ETWA 35 STÜCK

PRO STÜCK: E: 1 g, F: 4 g, Kh: 9 g, kJ: 315, kcal: 75, BE: 0,5
ZUBEREITUNGSZEIT: 140 Minuten, ohne Kühlzeit
BACKZEIT: etwa 7 Minuten je Backblech
HALTBARKEIT: etwa 1 Woche im Kühlschrank in gut schließenden Dosen

BESCHWIPSTE PLÄTZCHEN

FÜR DEN KNETTEIG:

1 Bio-Zitrone (unbehandelt, ungewachst)
125 g Weizenmehl
50 g Puderzucker
1 Pck. Dr. Oetker Vanillin-Zucker
1 Prise Salz
60 g Butter oder Margarine
2 Eigelb (Größe M)

FÜR DIE FÜLLUNG:

100 g weiße Schokolade
40 g Kokosfett (zimmerwarm)
40 g gesiebter Puderzucker
4 EL Sekt

ZUM VERZIEREN:

30 g weiße Schokolade
kleine Zuckerperlen

---

1. Für den Knetteig die Zitrone heiß abwaschen, abtrocknen und die Schale dünn abreiben. Die abgeriebene Zitrone und die Hälfte der Zitronenschale für die Füllung beiseitestellen.

2. Das Mehl in eine Rührschüssel geben. Puderzucker, Vanillin-Zucker, Salz und die Hälfte der Zitronenschale hinzufügen und untermischen. Butter oder Margarine in kleine Stücke schneiden, mit dem Eigelb hinzufügen.

3. Die Zutaten mit dem Mixer (Knethaken) zunächst kurz auf niedrigster, dann auf höchster Stufe gut durcharbeiten. Anschließend auf der leicht bemehlten Arbeitsfläche zu einem glatten Teig verkneten. Den Teig in Frischhaltefolie gewickelt etwa 1 Stunde in den Kühlschrank legen.

4. Den Backofen vorheizen.
Ober-/Unterhitze: etwa 200 °C
Heißluft: etwa 180 °C

5. Den Teig portionsweise auf der leicht bemehlten Arbeitsfläche etwa 2 mm dick ausrollen. Mit einer Ausstechform etwa 105 Tropfen (etwa 5 ½ cm lang) ausstechen und auf 3 Backbleche (mit Backpapier belegt) legen. Die Backbleche nacheinander (bei Heißluft zusammen) in den vorgeheizten Backofen schieben. Die Teigtropfen **etwa 7 Minuten je Backblech backen.**

6. Die Plätzchen mit dem Backpapier von den Backblechen auf Kuchenroste ziehen und erkalten lassen.

7. Für die Füllung Schokolade in Stücke brechen. Zwei Drittel davon in einem Topf im Wasserbad bei schwacher Hitze unter Rühren schmelzen. Den Topf aus dem Wasserbad nehmen und die restliche Schokolade darin unter Rühren schmelzen.

8. Die beiseitegestellte Zitrone halbieren, etwas Saft auspressen und 1–2 Teelöffel davon abmessen.

9. Kokosfett und Puderzucker mit einem Mixer (Rührstäbe) auf höchster Stufe geschmeidig rühren. Geschmolzene Schokolade, Sekt, die restliche, beiseitegestellte Zitronenschale und den abgemessenen Zitronensaft nach und nach hinzufügen und zu einer Creme aufschlagen.

10. Die Creme in einen Spritzbeutel mit Lochtülle (Ø 7 mm) füllen. 70 Plätzchen mit der Creme bespritzen. Jeweils 2 der Plätzchen aufeinanderlegen und je ein Plätzchen ohne Creme darauflegen, leicht andrücken. Die Schichtplätzchen, auf einer Platte oder einem großen flachen Teller, etwa 20 Minuten in den Kühlschrank stellen, bis die Creme fest ist.

11. Zum Verzieren die Schokolade in Stücke brechen, in einem kleinen Topf im Wasserbad bei schwacher Hitze unter Rühren schmelzen. Die Schokolade in einen kleinen Gefrierbeutel füllen, eine kleine Ecke abschneiden und einen Streifen in die Mitte des Gebäcks spritzen, die Zuckerperlen am besten über einer Schüssel auf die feuchte Schokolade streuen.

Tipps: Wenn die Schichtplätzchen ohne Alkohol sein sollen, dann verwenden Sie statt Sekt Apfelsaft. Dann lassen sich die Plätzchen mit Schokodekorkugeln gut als Mäuschen garnieren.
Ohne Füllung sind die Plätzchen 2–3 Wochen in gut schließenden Dosen haltbar.

70 KAKAOTALER MIT MÖHREN-ORANGEN-FÜLLUNG ETWA 40 STÜCK

PRO STÜCK: E: 1 g, F: 4 g, Kh: 11 g, kJ: 334, kcal: 80, BE: 1,0
ZUBEREITUNGSZEIT: 90 Minuten, ohne Kühlzeit
BACKZEIT: etwa 10 Minuten je Backblech
HALTBARKEIT: kühl gestellt etwa 2 Wochen in gut schließenden Dosen

PERFEKT ZU KAFFEE UND TEE

FÜR DEN KNETTEIG:

170 g Weizenmehl
½ gestr. TL Dr. Oetker Backin
10 g Kakaopulver
20 g Kartoffelmehl (Kartoffelstärke)
80 g Zucker
1 Prise Salz
120 g Butter oder Margarine
1 Ei (Größe M)

FÜR DIE FÜLLUNG:

150 g Möhren
50 g Zucker
200 g Orangenmarmelade
30 g Ingwer
20 g Kokosfett

ZUM GARNIEREN:

30 g Zartbitter-Schokolade
5 g Kokosfett

---

1. Für den Knetteig Mehl mit Backpulver, Kakao und Kartoffelmehl in einer Rührschüssel mischen. Zucker und Salz hinzugeben und untermischen. Butter oder Margarine in kleine Stücke schneiden, zusammen mit dem Ei in die Rührschüssel geben.

2. Die Zutaten mit einem Mixer (Knethaken) zunächst kurz auf niedrigster, dann auf höchster Stufe gut durcharbeiten. Anschließend auf einer leicht bemehlten Arbeitsfläche kurz zu einem Teig verkneten. Den Teig halbieren.

3. Die Teighälften auf der bemehlten Arbeitsfläche jeweils zu einer etwa 20 cm langen Rolle formen. Die Rollen in Frischhaltefolie wickeln und mindestens 2 Stunden in den Kühlschrank legen.

4. Den Backofen vorheizen.
Ober-/Unterhitze: etwa 180 °C
Heißluft: etwa 160 °C

5. Jede Rolle mit einem Sägemesser in 60 dünne Scheiben schneiden. Die Scheiben auf 3 Backbleche (mit Backpapier belegt) legen. Die Backbleche nacheinander (bei Heißluft zusammen) in den vorgeheizten Backofen schieben. Die Scheiben **etwa 10 Minuten je Backblech backen.**

6. Die Kakaotaler mit dem Backpapier auf Kuchenroste ziehen und erkalten lassen.

7. Für die Füllung die Möhren putzen, schälen, abspülen, gut abtropfen lassen und fein raspeln. Die Möhrenraspel mit dem Zucker und der Marmelade in einem kleinen Topf aufkochen, zugedeckt bei mittlerer Hitze etwa 5 Minuten köcheln lassen.

8. Inzwischen den Ingwer schälen und fein reiben. Ingwer in den Topf geben und unterrühren. Die Füllung im offenen Topf etwa 10 Minuten kochen, dabei gelegentlich umrühren. Anschließend das Kokosfett unterrühren. Die Füllung pürieren und etwas abkühlen lassen.

9. Zwei Drittel der Taler mit der Füllung bestreichen. Für jeden Schichttaler 2 bestrichene Taler aufeinanderschichten und mit einem 3. Taler bedecken. Die Taler leicht aufeinanderdrücken.

10. Zum Garnieren die Schokolade mit dem Kokosfett in einem Topf im Wasserbad bei schwacher Hitze unter Rühren schmelzen. Die Schokolade etwas abkühlen lassen, in einen Gefrierbeutel füllen und eine kleine Ecke abschneiden. Die Schokolade spiralförmig auf die Schichttaler spritzen. Schokolade fest werden lassen.

72 TEE-KONFEKT-HÄPPCHEN ETWA 32 STÜCK

PRO STÜCK: E: 2 g, F: 5 g, Kh: 13 g, kJ: 441, kcal: 105, BE: 1,0
ZUBEREITUNGSZEIT: 120 Minuten, ohne Kühlzeit
BACKZEIT FÜR DIE BISKUITTALER: etwa 10 Minuten je Backblech
BACKZEIT FÜR DIE KEKSQUADRATE: etwa 8 Minuten je Backblech
HALTBARKEIT: kühl gestellt etwa 2 Wochen in gut schließenden Dosen

RUND TRIFFT ECKIG

FÜR DEN KNETTEIG:

70 g Weizenmehl
½ gestr. TL Dr. Oetker Backin
100 g zarte Haferflocken
70 g brauner Zucker
1 Prise Salz
1 gestr. TL Dr. Oetker Finesse Geriebene Zitronenschale
70 g Butter oder Margarine
1 Eigelb (Größe M)
1 EL kaltes Wasser

FÜR DEN BISKUITTEIG:

1 Ei (Größe M)
40 g Zucker
30 g Weizenmehl
20 g Speisestärke
1 gestr. TL grünes Teepulver (Matcha)

ZUM BESTREICHEN UND BESTREUEN:

1 Eiweiß (Größe M)
1 Prise Salz
20 g Hagelzucker

FÜR DIE FÜLLUNG:

80 g getrocknete Datteln (ohne Stein)
40 g Orangeat
40 g Kokosfett
120 g Zartbitter-Kuvertüre
1 Prise Salz

1. Für den Knetteig Mehl mit Backpulver in einer Rührschüssel vermischen. Haferflocken, Zucker, Salz und Zitronenschale hinzufügen und untermischen. Butter oder Margarine in kleine Stücke schneiden, zusammen mit dem Eigelb und dem kalten Wasser in die Rührschüssel geben.

2. Die Zutaten mit einem Mixer (Knethaken) zunächst kurz auf niedrigster, dann auf höchster Stufe gut durcharbeiten. Dann auf einer leicht bemehlten Arbeitsfläche kurz zu einem Teig verkneten. Den Teig in Frischhaltefolie gewickelt etwa 1 Stunde in den Kühlschrank legen.

3. Den Backofen vorheizen.
Ober-/Unterhitze: etwa 180 °C
Heißluft: etwa 160 °C

4. Für den Biskuitteig das Ei mit einem Mixer (Rührstäbe) auf höchster Stufe in 1 Minute schaumig schlagen. Zucker in 1 Minute einstreuen, dann noch etwa 2 Minuten weiterschlagen.

5. Mehl mit Speisestärke und Teepulver mischen, auf die Eiermasse geben und kurz auf niedrigster Stufe unterrühren. Den Teig in einen Spritzbeutel mit Lochtülle (Ø 10 mm) füllen und mit etwas Abstand 32 Teigtupfen (Ø etwa 3 cm) auf 1–2 Backbleche (mit Backpapier belegt) spritzen. Die Backbleche nacheinander (bei Heißluft zusammen) in den vorgeheizten Backofen schieben. Die Biskuitplätzchen **etwa 10 Minuten je Backblech backen.**

6. Die Plätzchen mit dem Backpapier auf Kuchenroste ziehen und erkalten lassen.

7. Inzwischen den Knetteig portionsweise auf der bemehlten Arbeitsfläche etwa 2 mm dünn ausrollen, mit einem Messer 64 Quadrate (etwa 4 cm) ausschneiden.

8. Die Teigquadrate auf 2 Backbleche (mit Backpapier belegt) legen. Dabei die Teigreste wieder zusammenkneten, erneut ausrollen und weitere Quadrate ausstechen, so oft, bis der Teig aufgebraucht ist.

9. Zum Bestreichen das Eiweiß mit 1 Prise Salz verschlagen. 32 Teigquadrate mit dem Eiweiß bestreichen und jeweils diagonal eine Linie aus Hagelzucker daraufstreuen.

10. Die Backbleche nacheinander (bei Heißluft zusammen) in den vorgeheizten Backofen schieben. Die Keksquadrate **etwa 8 Minuten je Backblech backen.**

11. Die Kekse mit dem Backpapier auf Kuchenroste ziehen und erkalten lassen.

12. Für die Füllung Datteln und Orangeat sehr fein hacken, mit dem Kokosfett in einen Rührbecher geben und pürieren. Die Kuvertüre fein hacken, mit dem Püree in einem Topf im Wasserbad bei schwacher Hitze unter Rühren schmelzen, sodass eine geschmeidige Masse entsteht. Salz unterrühren. Die Füllung etwas abkühlen lassen.

13. Die ungezuckerten Keksquadrate und alle Biskuitplätzchen mit der Füllung bestreichen. Jeweils ein bestrichenes Keksquadrat, ein Biskuitplätzchen und ein gezuckertes Keksquadrat aufeinanderlegen und leicht andrücken. Die Füllung fest werden lassen.

Tipps: Damit die Biskuitplätzchen gleich groß werden, auf 1–2 Bögen Backpapier mit einem Bleistift 32 Ringe (Ø 3 cm) zeichnen. Anschließend den Bogen umgedreht auf das Backblech legen, damit der Bleistift nicht abfärbt. Wer keinen grünen Tee verwenden möchte, kann ihn durch 1 Messerspitze gemahlenen Zimt oder durch 1 Messerspitze Kakaopulver ersetzen.

74 NOUGAT-MARZIPAN-PLÄTZCHEN ETWA 40 STÜCK

PRO STÜCK: E: 1 g, F: 3 g, Kh: 8 g, kJ: 291, kcal: 69, BE: 0,5
ZUBEREITUNGSZEIT: 65 Minuten, ohne Kühlzeit
BACKZEIT: etwa 12 Minuten
HALTBARKEIT: kühl gestellt etwa 2 Wochen in gut schließenden Dosen

KNUSPRIG

FÜR DIE MARZIPANMASSE:
150 g Marzipan-Rohmasse
150 g Zucker
1 Eiweiß (Größe M)
1 EL kaltes Wasser
60 g Weizenmehl
1 Msp. Dr. Oetker Backin

ZUM BESTREUEN:
40 g gehackte Mandeln

FÜR DIE FÜLLUNG:
150 g gekühlter Schichtnougat (hell/dunkel)

ZUM BESTÄUBEN:
etwas Puderzucker

---

1. Den Backofen vorheizen.
Ober-/Unterhitze: etwa 200 °C
Heißluft: etwa 180 °C

2. Für die Marzipanmasse Marzipan-Rohmasse in feine Stücke schneiden und in eine Rührschüssel geben. Zucker, Eiweiß und Wasser hinzufügen. Die Zutaten mit einem Pürierstab fein pürieren.

3. Mehl mit Backpulver mischen, auf die Marzipanmasse geben und mit einem Mixer (Rührstäbe) auf mittlerer Stufe unterrühren.

4. Die Marzipanmasse mit einer angefeuchteten Teigkarte auf einem Backblech (gefettet, mit Backpapier belegt) zu einem Rechteck (30 x 35 cm) verstreichen. Die Mandeln daraufstreuen.

5. Das Backblech in den vorgeheizten Backofen schieben. Die Teigplatte **etwa 12 Minuten backen.**

6. Das Backblech auf einen Kuchenrost stellen und die Gebäckplatte etwas abkühlen lassen. Die Gebäckplatte mit einem scharfen Küchenmesser in Rechtecke (etwa 3 x 4 cm) schneiden.

7. Für die Füllung Schichtnougat in etwa 40 dünne Scheiben in der Größe der Rechtecke schneiden. Die Hälfte der Rechtecke auf der Oberseite mit je einer Nougatscheibe belegen. Die restlichen Rechtecke mit der Unterseite darauflegen, vorsichtig andrücken und das Konfekt mit Puderzucker bestäuben.

Tipp: Zum Bestreuen eignen sich statt der Mandeln auch gehackte Walnusskerne oder Cashewkerne.

76 APRIKOSEN-NUSS-SANDWICHES ETWA 28 STÜCK

PRO STÜCK: E: 3 g, F: 8 g, Kh: 18 g, kJ: 654, kcal: 156, BE: 1,5
ZUBEREITUNGSZEIT: 90 Minuten, ohne Kühlzeit
BACKZEIT 1: etwa 20 Minuten
BACKZEIT 2: etwa 12 Minuten je Backblech
HALTBARKEIT: kühl gestellt etwa 2 Wochen in gut schließenden Dosen

FRUCHTIG – KNACKIG

ZUM VORBEREITEN:
100 g Walnusskerne
100 g Haselnusskerne

FÜR DEN KNETTEIG:
220 g Weizenmehl
1 gestr. TL Dr. Oetker Backin
1 Msp. gem. Zimt
1 Prise Salz
100 g Zucker
30 g Butter oder Margarine
2 Eier (Größe M)
2 EL kaltes Wasser

FÜR DIE FÜLLUNG:
14 getrocknete Aprikosen (ohne Stein, etwa 130 g)
25 g gehackte Pistazienkerne
100 g Marzipan-Rohmasse
20 g Puderzucker
120 g Himbeerkonfitüre

---

1. Zum Vorbereiten die Nusskerne grob hacken.

2. Für den Knetteig Mehl mit Backpulver, Zimt, Salz und Zucker in einer Rührschüssel mischen. Butter oder Margarine in kleine Stücke schneiden, zusammen mit den Eiern, dem kalten Wasser und den gehackten Nusskernen in die Rührschüssel geben.

3. Die Zutaten mit einem Mixer (Knethaken) zunächst kurz auf niedrigster, dann auf höchster Stufe gut durcharbeiten. Anschließend auf einer leicht bemehlten Arbeitsfläche kurz zu einem Teig verkneten. Aus dem Teig auf der leicht bemehlten Arbeitsfläche 2 etwa 30 cm lange Rollen formen. Die Rollen in Frischhaltefolie gewickelt mindestens 1 Stunde in den Kühlschrank legen.

4. Den Backofen vorheizen.
Ober-/Unterhitze: etwa 180 °C
Heißluft: etwa 160 °C

5. Die Teigrollen auf ein Backblech (mit Backpapier belegt) legen und im vorgeheizten Backofen **etwa 20 Minuten vorbacken.** Die Rollen mit dem Backpapier auf einen Kuchenrost ziehen und erkalten lassen.

6. Die Rollen mit einem Sägemesser schräg in knapp 1 cm dicke Scheiben schneiden. Die Scheiben auf 2 Backbleche (mit Backpapier belegt) legen. Die Backbleche nacheinander (bei Heißluft zusammen) bei gleicher Backofeneinstellung in den vorgeheizten Backofen schieben. Die Scheiben **etwa 12 Minuten je Backblech backen.**

7. Die Gebäckscheiben mit dem Backpapier auf Kuchenroste ziehen und erkalten lassen.

8. Für die Füllung die Aprikosen waagerecht halbieren. Die Pistazienkerne sehr fein hacken oder mahlen und mit der Marzipanrohmasse und dem Puderzucker verkneten. Die Marzipanmasse zu einer Rolle (etwa 15 cm lang) formen und in 28 Scheiben schneiden.

9. Für die Sandwiches die Marzipanscheiben auf einer mit Puderzucker bestäubten Arbeitsfläche in der Größe der Gebäckscheiben flach drücken. Auf 28 Gebäckscheiben je eine Marzipanscheibe legen. Jeweils eine halbe Aprikose mit der Schnittfläche nach unten darauflegen und leicht andrücken.

10. Die Konfitüre glatt rühren, durch ein Sieb streichen, kurz aufkochen und in einen Gefrierbeutel füllen. Eine Ecke des Beutels abschneiden. Die Konfitüre auf die Aprikosenhälften träufeln und, wie bei einem Sandwich, jeweils mit einer Gebäckscheibe belegen. Die Sandwiches leicht zusammendrücken, Konfitüre erkalten lassen.

78 PORTWEIN-FEIGEN-STAPELEI ETWA 30 STÜCK

PRO STÜCK: E: 1 g, F: 5 g, Kh: 11 g, kJ: 422, kcal: 101, BE: 1,0
ZUBEREITUNGSZEIT: 90 Minuten, ohne Kühlzeit
BACKZEIT: 10–12 Minuten je Backblech
HALTBARKEIT: kühl gestellt etwa 2 Wochen in gut schließenden Dosen

GLÜCKSMOMENTE MIT SCHWIPS

FÜR DEN KNETTEIG:

180 g Weizenmehl
70 g Zucker
1 TL Dr. Oetker Vanillin-Zucker
1 Prise Salz
100 g Butter oder Margarine
3 EL roter Portwein

FÜR DEN BELAG:

30 g brauner Zucker
30 g abgezogene, gem. Mandeln
1 Msp. gem. Zimt
1 Eiweiß (Größe M)

FÜR DIE FÜLLUNG:

120 g getrocknete Feigen (Softfeigen)
2 EL roter Portwein
20 g abgezogene, gem. Mandeln
20 g Puderzucker
50 g Kokosfett (zimmerwarm)

1. Für den Knetteig Mehl in eine Rührschüssel geben. Zucker, Vanillin-Zucker und Salz hinzugeben und untermischen. Butter oder Margarine in kleine Stücke schneiden, zusammen mit dem Portwein in die Rührschüssel geben.

2. Die Zutaten mit einem Mixer (Knethaken) zunächst kurz auf niedrigster, dann auf höchster Stufe gut durcharbeiten. Anschließend auf einer leicht bemehlten Arbeitsfläche kurz zu einem Teig verkneten.

3. Aus dem Teig zwei Rollen (je etwa 18 cm lang) formen. Den Teig in Frischhaltefolie gewickelt mindestens 2 Stunden in den Kühlschrank legen.

4. Den Backofen vorheizen.
Ober-/Unterhitze: etwa 180 °C
Heißluft: etwa 160 °C

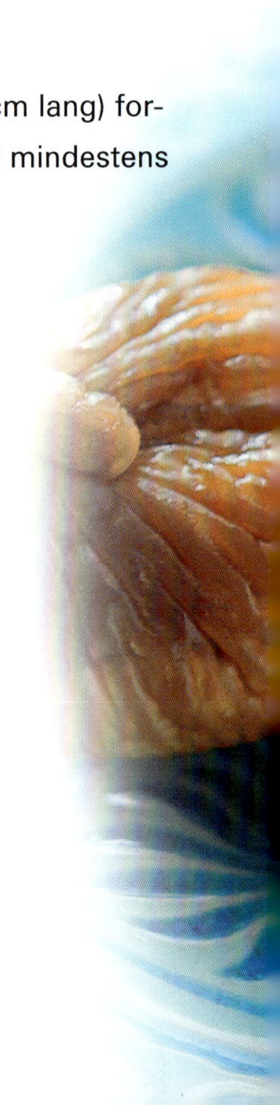

5. Die Teigrollen mit einem Sägemesser jeweils in 60 dünne Scheiben schneiden. Die Teigscheiben auf 3 Backbleche (mit Backpapier belegt) legen.

6. Für den Belag Zucker, Mandeln und Zimt mischen. Das Eiweiß mit einer Gabel verschlagen. Die Teigscheiben mit dem Eiweiß bestreichen und sofort mit der Zucker-Mandel-Zimt Mischung bestreuen.

7. Die Backbleche nacheinander (bei Heißluft zusammen) in den vorgeheizten Backofen schieben. Die Teigscheiben **10–12 Minuten je Backblech backen.**

8. Die Kekse mit dem Backpapier auf Kuchenroste ziehen und erkalten lassen.

9. Für die Füllung von den Feigen die Stielansätze abschneiden. Die Feigen klein schneiden, mit Portwein, Mandeln, Puderzucker und Kokosfett im Blitzhacker (Zerkleinerer) zu einer glatten Creme verarbeiten.

10. Die Creme in einen Gefrierbeutel füllen, eine Ecke abschneiden. 30 Kekse beiseitelegen. Die Creme auf die restlichen Kekse spritzen, jeweils 3 Kekse mit Füllung aufeinanderlegen und mit einem Keks ohne Füllung belegen. Die Kekse leicht andrücken und die Füllung fest werden lassen.

Tipp: Sie möchten diese Schichtkekse ohne Alkohol zubereiten? Dann ersetzen Sie den Portwein durch roten Traubensaft.

80 DÄNISCHE STAPELKÜCHLEIN ETWA 28 STÜCK

PRO STÜCK: E: 1 g, F: 4 g, Kh: 10 g, kJ: 335, kcal: 80, BE: 1,0
ZUBEREITUNGSZEIT: 120 Minuten, ohne Kühlzeit
BACKZEIT: 6–7 Minuten je Backblech
HALTBARKEIT: kühl gestellt etwa 2 Wochen in gut schließenden Dosen

SCHMECKEN NICHT NUR ZUR WEIHNACHTSZEIT

FÜR DEN KNETTEIG:

130 g Weizenmehl
½ gestr. TL Dr. Oetker Backin
60 g Zucker
1 Prise Salz
1 Msp. gem. Zimt
1 Msp. gem. Gewürznelken
½ Pck. Dr. Oetker Finesse Orangenschalen-Aroma
50 g Butter oder Margarine
50 g brauner Zuckerrübensirup

FÜR DIE KIRSCHFÜLLUNG:

20 g getrocknete Kirschen
70 g weiße Kuvertüre
10 g Kokosfett
1 Msp. Dr. Oetker Finesse Orangenschalen-Aroma

ZUM GARNIEREN:

10 g weiße Kuvertüre

FÜR DIE KUVERTÜREFÜLLUNG:

50 g weiße Kuvertüre
5 g Kokosfett

1. Für den Knetteig Mehl mit Backpulver in einer Rührschüssel mischen. Zucker, Salz, Gewürze und Aroma hinzugeben und untermischen. Butter oder Margarine in kleine Stücke schneiden, zusammen mit dem Sirup in die Rührschüssel geben.

2. Die Zutaten mit einem Mixer (Knethaken) zunächst kurz auf niedrigster, dann auf höchster Stufe gut durcharbeiten. Anschließend auf einer leicht bemehlten Arbeitsfläche kurz zu einem Teig verkneten. Den Teig in Frischhaltefolie gewickelt mindestens 5 Stunden in den Kühlschrank legen.

3. Den Backofen vorheizen.
Ober-/Unterhitze: etwa 180 °C
Heißluft: etwa 160 °C

4. Den Knetteig portionsweise auf der bemehlten Arbeitsfläche etwa 2 mm dünn ausrollen. Den Teig mit einem Messer in etwa 84 Streifen (je etwa 2 x 5 cm) schneiden. Die Teigstreifen auf 2 Backbleche (mit Backpapier belegt) legen.

5. Die Backbleche nacheinander (bei Heißluft zusammen) in den vorgeheizten Backofen schieben. Die Streifen **6–7 Minuten je Backblech backen.**

6. Die Kuchenstreifen mit dem Backpapier auf Kuchenroste ziehen und erkalten lassen.

7. Für die Kirschfüllung die Kirschen und die Hälfte der Kuvertüre zusammen in einem Blitzhacker (Zerkleinerer) sehr fein hacken. Die restliche Kuvertüre hacken und mit dem Kokosfett in einem Topf im Wasserbad bei schwacher Hitze unter Rühren schmelzen. Den Topf aus dem Wasserbad nehmen. Gehackte Kuvertüre-Kirsch-Mischung und Aroma unter die geschmolzene Kuvertüre rühren und etwas abkühlen lassen.

8. Zum Garnieren die weiße Kuvertüre fein hacken.

9. Die Kirschfüllung in einen kleinen Gefrierbeutel füllen und eine kleine Ecke abschneiden, auf 28 der Kuchenstreifen der Länge nach jeweils einen dünnen Streifen spritzen. Die Streifen mit der gehackten weißen Kuvertüre bestreuen. Die restliche Kirschfüllung auf weitere 28 Kuchenstreifen spritzen.

10. Für die Kuvertürefüllung die weiße Kuvertüre hacken und mit dem Kokosfett in einem Topf im Wasserbad bei schwacher Hitze unter Rühren schmelzen. Die Füllung etwas abkühlen lassen, in einen kleinen Gefrierbeutel füllen und eine Ecke abschneiden.

11. Die weiße Kuvertürefüllung auf die restlichen 28 Kuchenstreifen spritzen. Jeweils einen mit weißer Kuvertüre, mit Kirschfüllung und mit einem Streifen garnierten Kuchenstreifen zusammensetzen. Die Stapel leicht andrücken. Die Füllungen fest werden lassen.

Tipp: Der Teig kann gut 2 Tage im Voraus zubereitet werden. Er lässt sich in Frischhaltefolie gewickelt im Kühlschrank aufbewahren.

82 VEILCHENTÜRMCHEN ETWA 30 STÜCK

PRO STÜCK: E: 1 g, F: 5 g, Kh: 18 g, kJ: 524, kcal: 125, BE: 1,5
ZUBEREITUNGSZEIT: etwa 90 Minuten, ohne Kühlzeit
BACKZEIT: etwa 12 Minuten je Backblech
HALTBARKEIT: kühl gestellt etwa 2 Wochen in gut schließenden Dosen

5-FACH GESTAPELT

FÜR DEN KNETTEIG:

250 g Weizenmehl
100 g Zucker
2 Pck. Dr. Oetker Bourbon-Vanille-Zucker
1 Prise Salz
1 Eigelb (Größe M)
175 g Butter oder Margarine

FÜR DIE FÜLLUNG:

150 g Johannisbeergelee

FÜR DEN GUSS:

100 g Puderzucker
2–3 EL Orangenlikör
rote und blaue Speisefarbe

ZUM GARNIEREN:

kandierte Veilchen oder Zuckerblumen

---

1. Für den Teig Mehl in eine Rührschüssel geben. Zucker, Vanille-Zucker, Salz, Eigelb und in Stückchen geschnittene Butter oder Margarine hinzufügen. Die Zutaten mit einem Mixer (Knethaken) zunächst kurz auf niedrigster, dann auf höchster Stufe gut durcharbeiten.

2. Anschließend auf einer leicht bemehlten Arbeitsfläche kurz zu einem Teig verkneten. Den Teig in Frischhaltefolie gewickelt etwa 30 Minuten in den Kühlschrank legen.

3. Den Backofen vorheizen.
Ober-/Unterhitze: etwa 180 °C
Heißluft: etwa 160 °C

4. Den Teig portionsweise auf der bemehlten Arbeitsfläche etwa 2 mm dünn ausrollen und 150 Teigplätzchen (Ø etwa 3 ½ cm) ausstechen. Die Teigplätzchen auf 3–4 Backbleche (mit Backpapier belegt) legen.

5. Die Backbleche nacheinander (bei Heißluft zusammen) in den vorgeheizten Backofen schieben. Die Plätzchen **etwa 12 Minuten je Backblech backen.**

6. Die Plätzchen mit dem Backpapier von den Backblechen auf Kuchenroste ziehen und erkalten lassen.

7. Für die Füllung das Johannisbeergelee in einem kleinen Topf erhitzen, je vier Plätzchen mit Gelee bestreichen, zu einem Türmchen übereinandersetzen und ein fünftes Plätzchen daraufsetzen. Die restlichen Plätzchen ebenfalls zu Türmchen zusammensetzen.

8. Für den Guss Puderzucker mit Orangenlikör und Speisefarbe zu einem fliederfarbenen Guss verrühren. Die Oberflächen der Türmchen mit dem Guss verzieren und mit kandierten Veilchen oder Zuckerblumen garnieren. Den Guss fest werden lassen.

Tipp: Orangenlikör durch Orangensaft ersetzen.

84 WESTFÄLISCHES SCHICHTKONFEKT

ETWA 30 STÜCK

PRO STÜCK: E: 1 g, F: 4 g, Kh: 14 g, kJ: 425, kcal: 102, BE: 1,0
ZUBEREITUNGSZEIT: 90 Minuten, ohne Kühlzeit
BACKZEIT: etwa 10 Minuten je Backblech
HALTBARKEIT: kühl gestellt etwa 1 Woche in gut schließenden Dosen

ÜBERRASCHEND KOMBINIERT

FÜR DEN KNETTEIG:
150 g Weizenmehl
10 g Puderzucker
1 Prise Salz
70 g Butter oder Margarine
70 g saure Sahne

ZUM BESTREICHEN:
1 Eigelb (Größe M)
1 EL kaltes Wasser

FÜR DIE 1. FÜLLUNG:
250 g Sahne Muh Muhs (Sahne Toffees)

FÜR DIE 2. FÜLLUNG:
70 g Pumpernickel
100 g Zartbitter-Schokolade
10 g Kokosfett

1. Für den Knetteig Mehl mit Puderzucker und Salz in einer Rührschüssel mischen. Butter oder Margarine in kleine Stücke schneiden, zusammen mit der sauren Sahne in die Rührschüssel geben.

2. Die Zutaten mit einem Mixer (Knethaken) zunächst kurz auf niedrigster, dann auf höchster Stufe gut durcharbeiten. Dann auf einer leicht bemehlten Arbeitsfläche kurz zu einem Teig verkneten. Den Teig in Frischhaltefolie gewickelt etwa 1 Stunde in den Kühlschrank legen.

3. Den Backofen vorheizen.
Ober-/Unterhitze: etwa 180 °C
Heißluft: etwa 160 °C

4. Den Teig portionsweise auf der bemehlten Arbeitsfläche etwa 2 mm dick ausrollen. Insgesamt 60 Rechtecke (je etwa 6 x 3 cm) ausschneiden. Die Rechtecke auf 3 Backbleche (mit Backpapier belegt) legen. Die Teigrechtecke mit einer in Mehl getauchten Gabel mehrfach einstechen.

5. Zum Bestreichen das Eigelb mit dem Wasser verschlagen. Die Teigrechtecke damit bestreichen. Die Backbleche nacheinander (bei Heißluft zusammen) in den vorgeheizten Backofen schieben. Die Kekse **etwa 10 Minuten je Backblech backen.**

6. Die Kekse mit dem Backpapier auf Kuchenroste ziehen und erkalten lassen. (Die Rechtecke sind nach dem Backen etwas kleiner als vorher.)

7. Für die 1. Füllung die Toffees fein hacken und zwischen zwei Lagen Backpapier zu einer rechteckigen Platte (etwa 25 x 15 cm) ausrollen. Anschließend die Toffee-Platte mit einem Messer in 30 Rechtecke (etwa 5 x 2 ½ cm) schneiden.

8. Für die 2. Füllung die Pumpernickel sehr fein zerkrümeln. Die Schokolade in kleine Stücke brechen. Zwei Drittel davon mit dem Kokosfett in einem Topf im Wasserbad bei schwacher Hitze unter Rühren schmelzen. Den Topf aus dem Wasserbad nehmen und die restliche Schokolade darin unter Rühren schmelzen. Die Pumpernickelbrösel unter die Schokolade rühren.

9. Die Unterseite der Kekse (die nicht bestrichenen Seite) mit der Schoko-Brösel-Füllung bestreichen. Jeweils 2 bestrichene Kekse so mit einem Toffee-Rechteck zusammensetzen, dass die Schokoseiten nach innen zum Toffee-Rechteck zeigen. Das Konfekt leicht zusammendrücken. Die Schokomasse trocknen lassen.

Tipp: Damit die Toffee-Masse beim Schneiden nicht am Messer klebt, ein Stück Küchenpapier in etwas Speiseöl tauchen und damit die Klinge leicht einreiben.

86 BUCHWEIZEN-TRIO ETWA 30 STÜCK

PRO STÜCK: E: 1 g, F: 4 g, Kh: 9 g, kJ: 339, kcal: 81, BE: 1,0
ZUBEREITUNGSZEIT: 80 Minuten, ohne Kühlzeit
BACKZEIT: etwa 10 Minuten je Backblech
HALTBARKEIT: kühl gestellt etwa 2 Wochen in gut schließenden Dosen

GLUTENFREIER GENUSS

FÜR DEN KNETTEIG:

100 g Buchweizenmehl (Vollkorn)
50 g Kartoffelmehl (Kartoffelstärke)
1 Msp. Dr. Oetker Backin
20 g gem. Haselnusskerne
60 g brauner Zucker
1 gestr. TL Dr. Oetker Bourbon-Vanille-Zucker
1 Prise Salz
80 g Butter oder Margarine
1 Ei (Größe M)

ZUM BESTREICHEN UND BESTREUEN:

1 EL Buchweizenkörner (15 g)
1 EL Hagelzucker (10 g)
1 Eiweiß (Größe M)

FÜR DIE FÜLLUNG:

50 g getrocknete Cranberrys
40 g Kokosfett (zimmerwarm)
30 g Puderzucker
1 EL gem. Haselnusskerne (10 g)

1. Für den Teig Buchweizen- und Kartoffelmehl mit Backpulver in einer Rührschüssel mischen. Haselnusskerne, braunen Zucker, Vanille-Zucker und Salz hinzugeben und untermischen. Butter oder Margarine in kleine Stücke schneiden, mit dem Ei in die Rührschüssel geben.

2. Die Zutaten mit einem Mixer (Knethaken) zunächst kurz auf niedrigster, dann auf höchster Stufe gut durcharbeiten. Anschließend auf einer leicht mit Buchweizenmehl bemehlten Arbeitsfläche kurz zu einem Teig verkneten. Aus dem Teig 2 dreieckige Stangen (je etwa 18 cm lang) formen, in Frischhaltefolie wickeln und für mindestens 2 Stunden in den Kühlschrank legen.

3. Den Backofen vorheizen.
Ober-/Unterhitze: etwa 180 °C
Heißluft: etwa 160 °C

4. Aus jeder Teigstange mit einem Sägemesser etwa 45 dünne Scheiben schneiden. Die Scheiben auf 3 Backbleche (mit Backpapier belegt) legen.

5. Zum Bestreichen und Bestreuen Buchweizenkörner und Hagelzucker mischen. Das Eiweiß mit einer Gabel verschlagen. 30 der Teigdreiecke mit dem Eiweiß bestreichen. Jeweils auf die Mitte der bestrichenen Dreiecke etwas von der Buchweizen-Zucker-Mischung streuen und leicht andrücken.

6. Die Backbleche nacheinander (bei Heißluft zusammen) in den vorgeheizten Backofen schieben. Die Teigdreiecke **etwa 10 Minuten je Backblech backen.**

7. Die Kekse mit dem Backpapier auf Kuchenroste ziehen und darauf erkalten lassen.

8. Für die Füllung Cranberrys sehr fein hacken, mit den Haselnusskernen, dem Kokosfett und dem Puderzucker in einen Blitzhacker (Zerkleinerer) geben und zu einer geschmeidigen Masse verarbeiten.

9. Die Füllung in einen Gefrierbeutel füllen und eine Ecke abschneiden. Die Füllung auf die unbestreuten Kekse spritzen. Je 2 der Kekse aufeinandersetzen und mit einem bestreuten Keks bedecken. Die Kekse leicht andrücken.

Tipp: Die Buchweizenkörner können durch gehackte Haselnusskerne oder gehackte Mandeln ersetzt werden.

88 MARONEN-MARZIPAN-QUADRATE

ETWA 30 STÜCK

PRO STÜCK: E: 2 g, F: 5 g, Kh: 8 g, kJ: 355, kcal: 85, BE: 0,5
ZUBEREITUNGSZEIT: 60 Minuten, ohne Kühlzeit
BACKZEIT: etwa 12 Minuten je Backblech
HALTBARKEIT: kühl gestellt etwa 1 Woche in gut schließenden Dosen

ZUM NACHMITTAGSKAFFEE

FÜR DIE MARONENSCHICHT:

120 g Maronen (gegart, vakuumverpackt)
50 g Walnusskerne
30 g Butter
40 g brauner Zucker
1 Eiweiß (Größe M)
1 Msp. gem. Nelken
1 Msp. gem. Zimt

FÜR DIE MARZIPANSCHICHTEN:

150 g Marzipan-Rohmasse
etwas Puderzucker zum Ausrollen

FÜR DEN TEIGBODEN:

etwa 30 g Butter
½ Pck. Strudelteig-, Filo- oder Yufkateigblätter (125 g, etwa 31 x 30 cm, aus dem Kühlregal)

ZUM BESTREICHEN:

1 Eigelb (Größe M)
2 EL Milch (3,5 % Fett)

1. Für die Maronenschicht die Maronen in Scheiben schneiden. Walnusskerne im Blitzhacker (Zerkleinerer) grob hacken. Die Maronenscheiben, Butter, Zucker, Eiweiß und die Gewürze dazugeben. Die Zutaten zerkleinern, bis ein gleichmäßiges Püree entstanden ist. Die Masse in einen Spritzbeutel mit Lochtülle (Ø 10 mm) füllen.

2. Für die Marzipanschichten die Marzipan-Rohmasse halbieren. Jede Hälfte auf der mit Puderzucker bestäubten Arbeitsfläche zu einem Rechteck (etwa 18 x 15 cm) ausrollen.

3. Die Maronenmasse streifenweise auf ein Marzipan-Rechteck spritzen und evtl. glatt streichen. Das zweite Marzipan-Rechteck darauflegen und leicht andrücken. Das Ganze in 30 Quadrate (3 x 3 cm) schneiden. Die Mitte jedes Quadrates diagonal kreuzweise einritzen und die äußeren Ecken leicht nach unten drücken.

4. Für den Teigboden die Butter zerlassen und etwas abkühlen lassen.

5. Den Backofen vorheizen.
Ober-/Unterhitze: etwa 180 °C
Heißluft: etwa 160 °C

6. Vier Teigblätter dünn mit der zerlassenen Butter bestreichen, aufeinanderlegen und mit dem fünften Teigblatt bedecken, leicht zusammendrücken.

7. Die geschichteten Teigblätter in 30 Quadrate (5 x 5 cm) schneiden und auf ein Backblech (mit Backpapier belegt) legen.

8. Eigelb mit Milch verschlagen und auf die Teigquadrate streichen. Jeweils 1 Marzipanquadrat auf ein bestrichenes Teigquadrat legen (diagonal oder gerade) und mit der restlichen Eigelbmilch bestreichen.

9. Das Backblech in den vorgeheizten Backofen schieben. Die Maronenquadrate **etwa 12 Minuten backen.**

10. Die Maronenquadrate mit dem Backpapier auf einen Kuchenrost ziehen und erkalten lassen.

Tipp: Das Gewicht des Strudel-, Filo- oder Yufkateiges kann, je nach Hersteller, unterschiedlich sein. Es ist aber ausreichend, 5 Teigblätter zu verwenden.

90 BLÜTENTRÄUME ETWA 35 STÜCK

PRO STÜCK: E: 1 g, F: 6 g, Kh: 12 g, kJ: 454, kcal: 108, BE: 1,0
ZUBEREITUNGSZEIT: 120 Minuten, ohne Kühlzeit
BACKZEIT FÜR DIE KEKSE OHNE MARZIPAN: etwa 10 Minuten je Backblech
BACKZEIT FÜR DIE KEKSE MIT MARZIPAN: etwa 12 Minuten je Backblech
HALTBARKEIT: kühl gestellt etwa 1 Woche in gut schließenden Dosen

FÜR DEN KNETTEIG:

200 g Weizenmehl
65 g Zucker
1 Prise Salz
1 TL Dr. Oetker Finesse Geriebene Zitronenschale
125 g Butter oder Margarine

FÜR DEN BELAG:

1 EL Pistazienkerne (etwa 5 g)
125 g Marzipan-Rohmasse
30 g Puderzucker
1 Eigelb (Größe M)
1 EL Zitronensaft
35 rosa Zuckerperlen (metallic)

FÜR DIE FÜLLUNG:

50 g Vollmilch-Kuvertüre
120 g Schoko-Mangos (von Casali)
20 g Kokosfett (zimmerwarm)

1. Für den Knetteig Mehl in eine Rührschüssel geben. Zucker, Salz und Zitronenschale hinzugeben. Butter oder Margarine in kleine Stücke schneiden und ebenfalls in die Rührschüssel geben.

2. Die Zutaten mit einem Mixer (Knethaken) zunächst kurz auf niedrigster, dann auf höchster Stufe gut durcharbeiten. Anschließend auf einer leicht bemehlten Arbeitsfläche kurz zu einem Teig verkneten. Den Teig in Frischhaltefolie gewickelt mindestens 1 Stunde in den Kühlschrank legen.

3. Den Teig portionsweise auf der bemehlten Arbeitsfläche etwa 2 mm dick ausrollen. Mit einem Blüten-Ausstecher etwa 105 Blüten (Ø 4 ½ cm) ausstechen. Die Blüten auf 3–4 Backbleche (mit Backpapier belegt) legen.

4. Den Backofen vorheizen.
Ober-/Unterhitze: etwa 180 °C
Heißluft: etwa 160 °C

5. Für den Belag die Pistazienkerne sehr fein hacken. Marzipan-Rohmasse in kleine Stücke schneiden, mit Puderzucker und Eigelb in eine Rührschüssel geben und mit einem Mixer (Rührstäbe) zu einer glatten Masse verrühren. Zitronensaft unterrühren.

6. Die Marzipanmasse in einen Spritzbeutel mit Lochtülle (Ø 7 mm) füllen. Auf 35 der Teigblüten jeweils 6–7 kleine Tupfen spritzen und mit etwas von den gehackten Pistazien bestreuen. In die Mitte jeweils eine Zuckerperle setzen.

7. Die Backbleche nacheinander (bei Heißluft zusammen) in den vorgeheizten Backofen schieben. Die Teigblüten ohne Marzipan **etwa 10 Minuten je Backblech backen.** Die Teigblüten mit Marzipan **etwa 12 Minuten je Backblech backen.**

8. Das Gebäck jeweils mit dem Backpapier auf Kuchenroste ziehen und erkalten lassen.

9. Für die Füllung die Kuvertüre hacken und in einem Topf im Wasserbad bei schwacher Hitze unter Rühren schmelzen.

10. Inzwischen die Schoko-Mangos in feine Streifen schneiden, zusammen mit dem Kokosfett in einem Rührbecher pürieren.

11. Die geschmolzene Kuvertüre unter Rühren 5 Minuten abkühlen lassen. Anschließend langsam unter das Püree rühren. Die Masse in einen Gefrierbeutel füllen und eine Ecke abschneiden.

12. Auf die Kekse ohne Marzipan jeweils 6 kleine Tupfen der Füllung spritzen. Jeweils 2 Kekse mit Füllung aufeinandersetzen und mit einem Marzipankeks bedecken. Die Kekse leicht andrücken. Die Füllung fest werden lassen.

Tipp: Anstelle der Schoko-Mangos können Sie auch Schoko-Bananen verwenden.

ALLGEMEINE HINWEISE

ABKÜRZUNGEN

EL	=	Esslöffel
TL	=	Teelöffel
Msp.	=	Messerspitze
Pck.	=	Packung/Päckchen
g	=	Gramm
kg	=	Kilogramm
ml	=	Milliliter
l	=	Liter
evtl.	=	eventuell
geh.	=	gehäuft
gestr.	=	gestrichen
gem.	=	gemahlen
ger.	=	gerieben
TK	=	Tiefkühlprodukt
°C	=	Grad Celsius
Ø	=	Durchmesser

KALORIEN-/ NÄHRWERT-ANGABEN

E	=	Eiweiß
F	=	Fett
Kh	=	Kohlenhydrate
kJ	=	Kilojoule
kcal	=	Kilokalorien
BE	=	Broteinheiten

Bei den Nährwertangaben in den Rezepten handelt es sich um auf- bzw. abgerundete ganze Werte. Lediglich die Broteinheiten werden in 0,5er-Schritten mit einer Stelle nach dem Komma angegeben.
Aufgrund von ständigen Rohstoffschwankungen und/oder Rezepturveränderungen bei Lebensmitteln kann es zu Abweichungen kommen. Die Nährwertangaben dienen daher lediglich Ihrer Orientierung und eignen sich nur bedingt für die Berechnung eines Diätplans, zum Beispiel bei Krankheiten wie Diabetes.
Bei krankheitsbedingten Diäten richten Sie sich daher bitte nach den Anweisungen Ihres Diätassistenten bzw. Ihres Arztes.

HINWEISE ZU DEN REZEPTEN

Lesen Sie bitte vor der Zubereitung – besser noch vor dem Einkauf – das Rezept einmal vollständig durch. Oft werden Arbeitsabläufe oder -zusammenhänge dann klarer.

ZUTATENLISTE UND ARBEITSSCHRITTE

Die Zutaten sind in der Reihenfolge ihrer Verarbeitung aufgeführt. Die Arbeitsschritte sind einzeln hervorgehoben, in der Reihenfolge, in der sie von uns ausprobiert wurden.

ZUBEREITUNGSZEITEN

Die Zubereitungszeit ist ein Anhaltswert für die Dauer der Vorbereitung und die eigentliche Zubereitung. Längere Wartezeiten wie Kühl- oder Abkühlzeiten sind, sofern parallel keine weitere Tätigkeit erfolgt, nicht in der Zubereitungszeit enthalten. Die Backzeiten werden gesondert ausgewiesen.

BACKOFENEINSTELLUNG UND BACKZEITEN

Die in den Rezepten angegebenen Backtemperaturen und Backzeiten sind Richtwerte, die je nach individueller Hitzeleistung Ihres Backofens über- oder unterschritten werden können. Machen Sie nach Beendigung der angegebenen Backzeit eine Garprobe. Die Temperaturangaben in diesem Buch beziehen sich auf Elektrobacköfen. Die Temperatureinstellungsmöglichkeiten für Gasbacköfen variieren je nach Hersteller, sodass wir keine allgemeingültigen Angaben machen können. Bitte beachten Sie deshalb bei der Einstellung des Backofens die Gebrauchsanleitung des Herstellers. Ein Backofenthermometer eignet sich dabei gut, um die Backofentemperatur im Blick zu haben.

EINSCHUBHÖHE

Plätzchen und Eiweißgebäck gelingen am besten in der Mitte des Backofens. Abweichungen sind möglich und von der Ausführung Ihres Backofens abhängig. Beachten Sie daher auch die Angaben Ihres Herstellers.

WEITERE PRAKTISCHE TIPPS ZUM PLÄTZCHEN BACKEN

Butter: Damit die Plätzchen nicht breit laufen verwenden Sie zum Backen keine streichzarte und/oder fettreduzierte Butter.
Plätzchenteig ausrollen: Rollen Sie Knetteig portionsweise auf einer leicht bemehlten Arbeitsfläche aus. Verwenden Sie so wenig Mehl wie möglich, da der Teig sonst krümelig wird. Die Teigrolle ebenfalls leicht bemehlen, damit der Teig nicht anhaftet. Streichen Sie ab und zu mit einem großen Messer unter dem Teig her, damit der Teig nicht auf der Arbeitsfläche kleben bleibt.
Plätzchen backen mit nur einem Backblech: Viele Plätzchen werden in mehreren Partien gebacken. Haben Sie nur 1 Backblech, helfen Sie sich wie folgt: Schneiden Sie mehrere Backpapierstücke in Backblechgröße zu und belegen Sie diese mit den Teigplätzchen. Ziehen Sie dann einfach den Bogen mit den vorbereiteten Teigplätzchen an der flachen Seite auf das Backblech.
Schichtplätzchen aufbewahren: Lassen Sie alle gebackenen Plätzchen vor dem Zusammensetzen gut auf einem Kuchenrost auskühlen. Dies ist auch für die Füllungen zwischen den zusammengesetzten Plätzchen wichtig. Erst dann die Schichtplätzchen in gut schließende Dosen geben, damit sie keine Feuchtigkeit ziehen können. Um ein Zusammenkleben zu vermeiden, legen Sie zwischen die einzelnen Plätzchen einen Bogen Backpapier.

Versuch macht klug!
Selbst mitmachen und die Dr. Oetker Versuchsküche live erleben – heißt es in Bielefeld. Dort finden regelmäßig Seminare und Vorführungen statt, bei denen den Profis der Versuchsküche über die Schulter geschaut und selbst Hand angelegt werden kann.
Es gibt wertvolle Tipps und so manch raffinierter Trick wird verraten. Zum Abschluss kann das Selbstgemachte in gemütlicher Runde probiert werden. Erleben Sie einen schönen Tag in der Dr. Oetker Versuchsküche.
Wir freuen uns auf Sie.
Alle Infos unter www.oetker.de oder unter 00800 71 72 73 74 (gebührenfrei in Deutschland).
Dr. Oetker
Dr. Oetker
Qualität ist das beste Rezept.

KAPITELREGISTER

EINFACH & SCHLICHT

GESPRITZT & GETUPFT

EDEL & FEIN

ALPHABETISCHES REGISTER

Für Fragen, Vorschläge oder Anregungen stehen Ihnen der Verbraucherservice der Dr. Oetker Versuchsküche Telefon: 00800 71 72 73 74 Mo.–Fr. 8:00–18:00 Uhr, Sa. 9:00–15:00 Uhr (gebührenfrei in Deutschland) oder die Mitarbeiter des Dr. Oetker Verlages Telefon: +49 (0) 521 52 06 51 Mo.–Fr. 9:00–15:00 Uhr zur Verfügung.

Oder Sie schreiben uns: Dr. Oetker Verlag KG, Am Bach 11, 33602 Bielefeld.
Oder besuchen Sie uns online unter www.oetker-verlag.de,
www.facebook.com/Dr.OetkerVerlag oder www.oetker.de.

Umwelthinweis — Dieses Buch und der Einband wurden auf chlorfrei gebleichtem Papier gedruckt. Die Einschrumpffolie – zum Schutz vor Verschmutzung – ist aus umweltfreundlichem und recyclingfähigem PE-Material.

Redaktion — Andrea Gloß

Titelfoto — Thomas Diercks, Hamburg

Innenfotos — Thomas Diercks, Hamburg (S. 4, 26, 34, 39, 44, 50, 54, 59, 74, 82, 84–90)
Fotostudio Diercks (Kai Boxhammer), Hamburg (S. 9)
Christiane Krüger, Hamburg (S. 30, 33)
Antje Plewinski, Berlin (S. 22)
Anke Politt, Hamburg(S. 43, 46, 52)
Winkler Studios, Bremen (S. 6, 10, 13, 14, 17, 19, 20, 29, 24, 37, 40, 49, 57, 60, 62, 65–72, 76–80)

Rezeptentwicklung und -beratung — Anke Rabeler, Berlin

Foodstyling — Stevan Paul, Hamburg (S. 6, 10, 13, 17, 20, 29, 24, 37, 40, 49, 57, 60, 62, 65–72, 76–80)

Nährwertberechnungen — Nutri Service, Hennef

Grafisches Konzept, Satz und Titelgestaltung — kontur:design, Bielefeld

Reproduktionen — Mohn Media Mohndruck GmbH, Gütersloh

Druck und Bindung — Firmengruppe APPL, aprinta Druck, Wemding

Wir danken für die freundliche Unterstützung — Josef Manner & Comp AG, Wien
Pico Food, Tamm
Peter Kölln, Elmshorn

ISBN: 978-3-7670-0797-0